O BEIJO DO CÉU

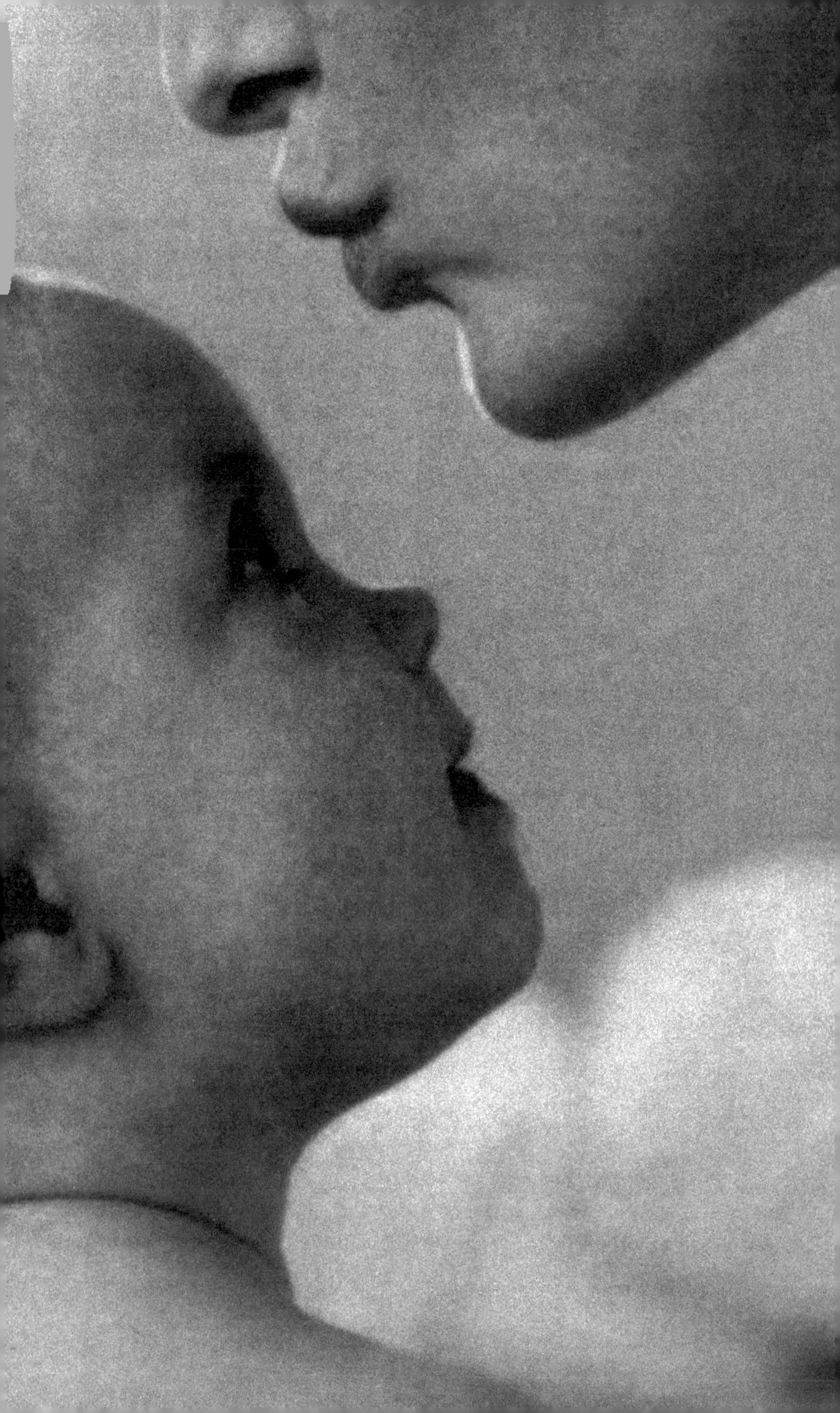

O BEIJO DO CÉU

DARLENE ZSCHECH

EDITORA Atos

Zschech, Darlene
O beijo do céu / Darlene Zschech; tradução de Rosane Cajeron Müzel.
– Belo Horizonte: Editora Atos, 2006. 200 p..

Título original: The Kiss of Heaven
ISBN 85-7607-082-0

1. Adoração 2. Graça de Deus 3. Fé I. Título.

CDU: 231.11 CDD: 231.042

Índices para catálogo sistemático:
1. Adoração: Graça de Deus 231

Tradução
Rosane Cajeron Müzel

Capa
Julio Carvalho

Primeira edição – Outubro de 2006
Segunda edição – Abril de 2010

Caixa Postal 402
30161-970 Belo Horizonte MG
Telefone: (31) 3025-7200
www.editoraatos.com.br

Sumário

Dedicatória

Para Amy, Chloe e Zoe Jewel, minhas três princesas.
O futuro de vocês encoraja o meu presente.
Vocês nos ensinaram a almejar pelos prêmios do céu.
A maior recompensa na terra é a honra de ser
a mãe de vocês.

Agradecimentos

Mark, meu marido magnífico, que constantemente me inspira a sonhar alto... a viver a melhor vida a dois que podíamos imaginar. Obrigado por doar sua vida para permitir que o sonho de Deus se realize em tantas pessoas. Eu amo ser a escolhida de Deus para você.

Patrick Judd, cuja visão da necessidade deste material uniu o grupo que realizou este trabalho. Obrigada pelo constante apoio e pelo coração voltado para o Reino.

Miffy Swan, minha amiga fiel cuja ajuda junto à pesquisa e organização das minhas anotações manteve o livro rumo a conclusão. Seu posicionamento em relação à vida é inspirador. Sinto-me honrada por tê-la em meu mundo.

Josh Bonett, obrigada novamente por seu coração, por enxergar através dos olhos de uma artista e por sua atitude "a qualquer custo" para contribuir com o todo.

Kristy Langford, Lisa Sylvester, Mel Hope, Tam Tickner, Simone Ridley, todos os maravilhosos amigos que vivem conosco, nosso grupo de louvor e artes e os pastores e suas famílias da Hillsong Church. É uma honra e uma alegria servir a Deus juntamente com vocês. Especialmente ao meu pastor, Brian Houston, e ao pastor Robert Fergusson por seus ensinos inspiradores que continuamente moldam meu mundo. Obrigada.

Eugene Petersen pela Bíblia *"Mensagem"*... obrigada.

Ao editor da Bethany House, Steve Laube, cuja excelência de coração trouxe claridade ao trabalho.

Cris Bolley... por colocar minha caneta em ação... e por permitir que o sonho do meu coração se tornasse realidade.

Ao meu maravilhoso Jesus...

Meu desejo é viver minha vida como uma oferta a ti.

> "E disse [Jesus]: 'Eu lhes asseguro que, a não ser que vocês se convertam e se tornem como crianças, jamais entrarão no Reino dos céus'. 'Portanto, quem se faz humilde como esta criança, este é o maior no Reino dos céus'."
>
> Mateus 18.3-4

Favor

Um ato de bondade.
Uma tendência para o benefício de alguém ou algo.
Uma inclinação para aprovar.
Um sentimento de relação favorável.
Promover o próximo.

Introdução

O PODER DA GRAÇA

Fico muito feliz que você esteja lendo este livro. Oro para que seu coração seja inspirado e encorajado enquanto lê essas páginas cheias de histórias e verdades com o intuito de alimentar a sua alma, desafiar a sua vida e talvez lhe mostrar uma imagem diferente de como a graça de Deus é, de como é seu som e seu propósito na sua vida.

Eu acredito, sem sombra de dúvida, que cada um de nós, não importa de onde viemos ou onde estamos hoje, fomos criados e feitos amorosamente pelo nosso lindo Deus e confiados, sim confiados, com este período da história (que responsabilidade irresistível). Este fato deve nos levar a viver uma vida com propósitos – vivida com paixão, com o entendimento de que nossa vida na terra não foi dada a nós como um presente apenas para nós mesmos, mas para que nossas vidas elevem as vidas de outros.

Se tudo isso soa um pouco surreal ou se você nunca teve um encontro pessoal com Jesus Cristo, então me acompanhe até o final deste livro. A vontade dos céus é que você conheça esse maravilhoso Salvador, e que através da vida em Cristo você encontrará vida *nele*, vivendo com liberdade, propósito e graça. No final do livro você encontrará uma oração para se comprometer com Cristo e com seu caminho. Que magnífico!

"O beijo do céu"... A palavra beijo é significativa ao descrever a intimidade e a troca que acontecem apenas quando estamos muito próximos. É engraçado como muitas pessoas desejam o fruto do favor de Deus (seu beijo), mas não estão dispostas a se manterem próximas a Ele para fazerem o que pede e amarem viver pela sua Palavra. Ele deseja estar próximo de você e está simplesmente esperando que você deseje estar perto dele.

Inicialmente, fui chamada para escrever esse livro por causa de diversas pessoas que queriam saber como "Aclame ao Senhor", uma música composta por uma garota australiana, se tornou um dos cânticos de adoração preferidos do mundo. Poderia ser a *graça*? Desde que a música foi lançada, em 1993, foi gravada em mais de cinqüenta álbuns e traduzida para diversas línguas, incluindo húngaro, dinamarquês, francês, italiano, mandarim, japonês e sueco. Foi tocada em cultos, convenções, shows, casamentos e até funerais. Na época do lançamento, era a música que se movia mais rápido na história da Licença Cristã de Direitos Autorais (Christian Copyright License – CCLI), representando a popularidade de todas as músicas nas igrejas. Ela foi cantada em locais extraordinários como o Vaticano e a Casa Branca. Evander Holifield foi transmitido mundialmente cantando "Aclame ao Senhor" em seu camarim pouco antes de sua luta do campeonato contra Mike Tyson, em 1997.

A "grande história" por trás dessa música é toda a respeito da graça não merecida de Deus. Eu não me sentei com a intenção de escrever a música que iria tocar as nações. Eu fico mais surpresa do que qualquer outra pessoa de que essa oração pessoal tenha tocado tantas vidas. De fato, a grande história que prendeu meu coração e se transformou neste livro que você segura hoje em suas mãos é a respeito da maravilhosa, incrível, assustadora grandeza do nosso amável Deus, que tem demonstrado grande graça a todos nós.

Ele tem dado tanto e cada dia é beijado pela sua graça. Nossas vidas foram planejadas por Ele para carregar graça – para servir a terra através dos dons que Ele tem nos dado. Eu vejo o compositor John Newton escrevendo aquelas palavras que soam como a minha vida! "Maravilhosa Graça, quão doce o som, que salvou um miserável como eu!" ("Amazing Grace"). Meu coração é muito grato ao meu amável Deus, que literalmente me salvou.

Eu compunha músicas desde minha adolescência, mas nunca realmente pensei em mim mesma como uma compositora. O dia em que as palavras de "Aclame" brotaram de mim foi o dia no qual eu estava me sentindo esmagada pela vida. Parecia que as circunstâncias estavam me sufocando, sem nenhuma saída. E realmente, a vida era simplesmente uma luta... trabalho pesado sem nenhum tipo de alívio.

Eu estava desesperada pela paz de Deus quando abri minha Bíblia no Livro de Salmos. Eu li: "Cantem ao Senhor um novo cântico; cantem ao Senhor, todos os habitantes da terra! Cantem ao Senhor, bendigam (louvem carinhosamente) o seu nome; cada dia proclamem a sua salvação! Anunciem a sua glória entre as nações, seus feitos maravilhosos entre todos os povos!" (Sl 96.1-3). Meu coração começou a se fortalecer enquanto eu lia a promessa de que Deus preserva a vida de seus filhos; Ele os livra das mãos dos ímpios.

A Palavra diz:

> A luz nasce sobre o (verdadeiramente) justo e a alegria sobre os retos de coração (*a alegria transbordante que vem da consciência da proteção e da graça de Deus*). Alegrem-se no Senhor, (consistentes) justos (que se encontram à direita de Deus), e louvem o seu santo nome.
>
> Salmo 97.11-12

À medida que eu lia essa passagem até o Salmo 100, pude sentir o impacto da verdade que o salmista certamente conhecia ao escrever estas palavras:

> Aclamem o Senhor todos os habitantes da terra!
> Prestem culto ao Senhor com alegria;
> entrem em sua presença com cânticos alegres.
> Reconheçam que o Senhor é o nosso Deus.
> Ele nos fez e somos dele:
> somos o seu povo, e rebanho do seu pastoreio.
> Entrem por suas portas com ações de graças, e em seus átrios, com louvor;
> dêem-lhe graças e bendigam o seu nome.
> Pois o Senhor é bom e o seu amor leal é eterno;
> A sua fidelidade permanece por todas as gerações.
>
> Salmo 100

Depois de ler essas palavras magníficas, sentei ao meu muito amado piano desafinado que meus pais me deram quando eu tinha cinco anos de idade. Algumas das teclas nem tocavam mais, mas comecei a tocar e adorar, orando e cantando, e rapidamente "Aclame ao Senhor" fluiu do meu coração. A música inteira brotou em aproximadamente vinte minutos (eu queria que todas as músicas fossem feitas rápido assim!).

Eu cantei e cantei, e fui elevada a um novo nível de fé. Naquele momento particularmente difícil da minha vida, simplesmente expressei um desejo genuíno de louvar, e rapidamente meu coração foi levantado de novo. Eu continuei cantando a música nos dias seguintes. De repente, me ocorreu que esta música poderia ser uma música de adoração para cantarmos na igreja. Deus abençoou aquelas palavras, as *beijou* com sua graça, e escolheu usá-las para libertar as pessoas com a verdade sobre sua misericórdia e graça.

Senti-me desconfortável de tocá-la para nossos ministros de música. Minhas mãos suavam e eu estava muito nervosa! Começava, parava, e me desculpava antes mesmo de cantar. A única forma de finalmente tocar a música para eles foi pedindo que virassem de costas para mim. Ainda dou risada quando me lembro de como eles olhavam pacientemente para a parede enquanto eu cantava para eles pela primeira vez.

Todos falaram que a música era majestosa, mas eu achava sinceramente que estavam apenas sendo educados. Mais tarde, quando o pastor Brian Houston ouviu falar da música pela primeira vez, profetizou que ela seria cantada em todo o mundo. O resto é história – *História de Deus*.

Foi a graça de Deus na música, e Ele fez todo o trabalho necessário para compartilhá-la mundialmente.

Antes mesmo de a música ser gravada em um álbum, comecei a receber cartas de pessoas que a estavam cantando em suas igrejas. Essa nunca foi a intenção da música. O desejo do meu coração era de oferecer sacrifício de louvor, não de escrever melodias para serem compartilhadas por tantas pessoas. Deus me resgatou, como é de sua natureza, e colocou um hino de adoração no meu coração através de sua Palavra em Salmos, e Ele levou essa canção pelo mundo.

Sempre que leio essa passagem posso ver o mar rugindo e as montanhas se prostrando. Eu simplesmente ofereci meu amor verdadeiro a Deus, com temor em sua presença, sabendo que Ele *nunca* me abandonaria. Ele sempre vai providenciar uma saída.

Favor – o que isso significa para você? Tenho certeza que a definição de *favor* em nossas vidas vai muito além do que sequer ousaríamos imaginar! *Favor* soa quase intangível – reservado para um punhado de pessoas especiais. É quase como um pedido, um sonho distante, um etéreo raio de luz.

Talvez para você favor seja ter uma grande família em casa, comprar um novo carro ou casa, ou ganhar na loteria. Na realidade, favor para a minha vida é algo diferente do favor para a sua porque *você não reconhece algo como um favor a não ser que tenha algum valor para você*. Essa é a maravilha a respeito do nosso Deus amoroso, que de uma forma única e magnífica nos conduziu para vermos seus planos se cumprirem na terra.

Eu garanto que, quando você tem um conhecimento saudável da graça e do favor de Deus, isso o enche com uma "transbordante alegria por conhecer sua graça e proteção" (Sl 97.11). Um conhecimento e a consciência de sua maravilhosa mão agarrada em nossa vida.

Eu sei, por erro e acerto, que amar a Deus com *todo* o seu coração traz uma satisfação incomparável. Ao longo do livro vou compartilhar com você, através do meu testemunho, quatro chaves de um coração completamente dedicado – dedicado a sua Palavra, a adoração, ao seu caminho e ao seu trabalho. Essas chaves têm me ajudado a abrir meu coração para o amor que é maravilhoso demais para ser descrito por palavras. Amando a Ele, você também pode achar satisfação e sentir seu sorriso ao viver o sonho de Deus para a sua vida.

Capítulo 1

O beijo do céu

Sinta seu sorriso...

Capítulo 1

O beijo do céu

A primeira vez que usei a expressão "beijo do céu" foi logo após o nascimento de nossa primeira filha, Amy Jaye. Eu estava procurando uma forma de descrever a *consciência* de que o sobrenatural interveio para nos trazer ao lugar onde estamos hoje. Acho que meu coração me pedia para ser mãe a mais tempo do que posso me lembrar. Anos antes de esperarmos um filho eu juntei coisas de bebê – coisas que já tinham até mesmo o nome *Amy* escrito nelas! Eu sou tão grata ao meu marido mais que paciente por não destruir minhas esperanças enquanto eu compunha meu enxoval.

Quando ela estava para chegar, eu estava *mais do que pronta* para a realização do meu sonho. Minha imagem de conto de fadas sobre a maternidade me retratava deitada no leito do hospital cercada de rosas brancas (minhas flores preferidas), meu cabelo e maquiagem perfeitos (como no cinema), segurando meu bebê recém-nascido embrulhado lindamente em um cobertor de musselina cor-de-rosa e, é claro, de volta a minha forma corporal pré-gravidez.

Quando eu realmente entrei em trabalho de parto, fiz meu cabelo e maquiagem (como planejado), coloquei uma fita rosa em meu cabelo (como planejado), me vesti o melhor que pude (considerando meu tamanho) e lá fomos nós. A realidade ainda não tinha começado.

Eu era uma mãe de primeira viagem sem a menor idéia do que me esperava pela frente. Não havia realmente entendido o conceito de porquê o ato de dar à luz é também chamado de *trabalho de parto*. Demorei tanto me maquiando que quando cheguei ao hospital era tarde demais para tomar remédio para a dor. Em algum momento na confusão das contrações me lembro de implorar ao médico: "Me mate! *Por favor!!!*".

E aí...

Eu dei à luz uma resposta de oração divina,

Rosada e linda...

3.628 kg, Amy Jaye Zschech!

Minha fotografia segurando Amy logo após seu nascimento não tem nada a ver com meu cuidadosamente planejado retrato de maternidade. Lá estava eu com meu vestido de hospital amarrotado, minha maquiagem espalhada até minhas bochechas, com um bebê escondido pelo maior cobertor que um hospital poderia ter. E a fita rosa? Estava no meu pescoço!

De qualquer forma, à tarde eu fui picada pelo "inseto ama-bebês". Eu estava total e completamente estupefata por esse "sonho" deitado em um pequeno berço ao meu lado. Para o meu marido cansado, da minha boca saíram as palavras: "A única forma de descrever isso é como se o próprio Deus tivesse vindo e me beijado na testa. Ela é o nosso próprio 'beijo dos céus'". Eu digo direto para A. J.: "Deus me beijou na testa no dia em que você nasceu". Ela gira os olhos e só diz: "Tá bom, tá bom, mãe. Você já me falou isso um milhão de vezes!".

Eu estava total e completamente estupefata por esse "sonho" deitado em um pequeno berço ao meu lado.

Tiago 2.20 diz: "A fé sem obras é inútil". O favor de Deus é assim: você não pode simplesmente cruzar os dedos, não fazer nada e esperar pelo melhor. Mas quando a diligência, obediência e a confiança em Deus são combinadas com a mão sobrenatural do nosso poderoso Deus... bom, aí está – *o beijo*.

Em 2000 eu escrevi uma música com o título "Beijo do céu" para um álbum com o nome de *Mercy Project* (Projeto Misericórdia). As palavras dessa música são as que continuamente me vêm à mente sempre que tento descrever racionalmente essa sensação do *céu tocando a terra* – quando a vida de alguém é total e miraculosamente mudada através do relacionamento com seu Criador. É a forma mais apropriada de explicar como Ele transformou minha vida, me dando beleza em vez de cinzas, vestes de louvor ao invés do espírito pesado, o óleo da alegria ao invés da murmuração. Quão lindo é o nosso Deus!

Todos temos sonhos, aspirações e objetivos que queremos alcançar – alguns pequenos, outros grandes, e ainda outros nobres. Mesmo desejando tantas coisas, em primeiro lugar, *sei* que desfrutar e perceber a presença contínua de Deus é um dos melhores prazeres na vida, e a entrega total de nosso coração a Ele é a sua maior alegria: "Pois os olhos do Senhor estão atentos sobre toda a terra para fortalecer aqueles que lhe dedicam totalmente o coração" (2Cr 16.9).

Seu favor é generoso sobre aqueles cujos corações são completamente dele.

É incrivelmente inspirador descobrir que Deus, criador dos céus e da terra, está procurando ansiosamente por pessoas que acreditem nele e se comprometam a amá-lo completamente. A sua graça está disponível para *todos* os que recebem a salvação. Seu favor é generoso sobre aqueles cujos corações são dele por inteiro. Ele procura por fiéis completamente dedicados através dos quais possa brilhar. Em meu coração sempre quis acreditar que Ele podia brilhar através de mim, mas levou um bom tempo para que eu considerasse que isso pudesse ser até mesmo possível.

Deus está buscando alguém para beijar com seu favor neste exato momento. Ele olha – esperando ver nossas mãos levantadas para amá-lo, servi-lo e receber sua ajuda para podermos demonstrar seu amoroso poder através de nós para um mundo carente de amor. Quando viajo pelos continentes do mundo para liderar louvor e adoração junto com o povo de Deus, praticamente sinto o desejo no coração do próprio Deus enquanto procura por pessoas que entreguem sua total confiança a Ele. "Porque, quanto ao Senhor, seus olhos passam por toda a terra, para mostrar-se forte para com aqueles cujo coração é perfeito para com ele" (2Cr 16.9 – RC).

Ver a glória de Deus em nossas vidas não é uma ambição egoísta se entendemos o motivo pelo qual a bênção é dada. O favor não existe para que possamos nos tornar acúmulos de bondade, mas é dado para aqueles comprovadamente dignos, de mãos abertas para receber e para dar. Sua graça gratuita e seu favor para com o trabalho de nossas mãos são provas para um mundo perdido de que Ele existe e é poderoso para fazer suas promessas se realizarem para nós. Ao mantermos nosso foco no Senhor e obedecermos a seu direcionamento para o nosso dia-a-dia, outros verão os benefícios do seu favor sobre nós, e serão encorajados a andar em sua presença radiante também. Somos abençoados para abençoar outros!

Muitos cristãos estão perdendo os gloriosos benefícios da presença contínua de Deus. Eles desfrutam de curtos momentos da manifestação de sua presença, mas às vezes suas histórias de encontros com Ele são de muitos anos atrás. Seus rostos brilham enquanto compartilham seus testemunhos de conversão ou a provisão que os trouxe para perto de Deus em primeiro lugar, mas seus semblantes começam a mudar ao lembrar das atuais provações.

Meu desejo mais profundo é de adorar e amar ao meu Deus com todo o meu coração, toda a minha alma e toda a minha força (Dt 6.5), e inspirar outros a um estilo de vida de louvor *diário* de todo o coração ao nosso Deus vivo. O

Pai quer resgatá-lo a cada momento de cada dia. Quer que o seu testemunho de misericórdia seja novo a cada manhã. Ele tem novas idéias para nos dar e um novo entendimento para nos revelar. Sua criatividade sem igual é infinita e pouco explorada, e quer demonstrar sua magnitude ao mundo através das vidas inspiradoras e cheias de Deus do seu povo.

O Salmo 33.3 diz: "Cantem-lhe uma nova canção; toquem com habilidade ao aclamá-lo". A Palavra realmente nos manda cantar uma nova canção e proclamar, fazer conhecida, a bondade do nosso Rei.

Jesus nos ensinou a pedir o pão de cada dia, o que é uma linda imagem da provisão contínua de Deus. Ele disse aos seus discípulos:

> Portanto eu lhes digo: Não se preocupem com sua própria vida, quanto ao que comer ou beber; nem com seu próprio corpo, quanto ao que vestir. Não é a vida mais importante que a comida, e o corpo mais importante que a roupa? Pois os pagãos é que correm atrás dessas coisas; mas o Pai celestial sabe que vocês precisam delas.
>
> Busquem, pois, em primeiro lugar o Reino de Deus e a sua justiça, e todas essas coisas lhes serão acrescentadas.
>
> Mateus 6.25,32-33

Eu amo essa passagem. Novamente o Senhor nos mostra o que valorizar enquanto vivemos. É a maravilhosa realidade de servir a Jesus – você se sente entusiasmado com a vida, cheio de paixão e zelo e constantemente percebendo o envolvimento do Pai para levá-lo à satisfação. Você busca a verdade, a paz, a alegria no Espírito Santo e, como prometido, Deus é fiel para dar-lhe mais do que tudo o que precisa para atingir um senso de propósito na terra. Graça para a vida, e uma vida favorecida.

O contraste entre aqueles que buscam a Deus e aqueles que buscam apenas seus benefícios é severo.

O contraste entre aqueles que buscam a Deus e aqueles que buscam apenas seus benefícios é severo. Muitos crentes se vêem continuamente frustrados. Acredito que é porque, ao invés de buscá-lo, dedicam sua energia para buscar um título, reconhecimento, a aparência e os adornos do sucesso.

Recentemente ouvi este tipo de comportamento descrito como vivendo a "graça barata" – desprovido de um entendimento do preço pago por nós. Não é de todo o coração; é ouvir sem entender, respirar sem viver.

A jornada do "de meio coração" para o "de todo o coração" é algo que conheço bem. Eu tinha muitas inseguranças, pensamentos errados e ambições vãs (alimentadas cuidadosamente ano após ano!) que tinham que ser aquietadas em mim antes que pudesse sequer começar a acreditar que Deus tinha um plano perfeito para ser realizado em minha vida.

Agora eu sei que se chama orgulho, mas naquela época, eu não queria nem saber! Desde pequena eu sentia que o plano de Deus era bem maior que o meu, e eu orava com sinceridade para que me usasse de alguma forma. Mas quando comecei a servir a Deus em sua casa, não entendia que Ele poderia usar meus dons e minhas experiências únicas para suprir seu chamado em minha vida, que havia sido cuidadosamente preparada, como a sua, para os propósitos divinos.

Eu tentei usar meu dom de diversas maneiras. Ia a todos os lugares aonde tivesse a oportunidade de cantar. Era salva, conhecia ao Senhor, mas ainda estava procurando meu lugar. Aparentemente aquela sensação de realização me iludia continuamente. Eu cantava jingles publicitários e aproveitava praticamente qualquer porta que se abrisse por medo de perder algo. Eu não tinha entendimento do que significava saber o propósito da minha vida e buscá-lo com todo o meu ser.

Era fácil confiar a Deus minha vida espiritual, e eu o amava imensamente. Mas me sentia muito tensa a respeito de usar todo o meu tempo e minhas energias para servir na minha igreja local por medo do que isso ia envolver. Minha profunda noção de insegurança, inadequação, intimidação e todas as outras palavras começando com "in", das quais quase perdi as contas.

Eu não achava fácil confiar que Deus podia usar as habilidades naturais que havia me dado. Em um nível espiritual, eu amava a Deus e amava adorá-lo, mas quando se tratava de realmente dispor minha energia e meu tempo para servi-lo... bom, isso era uma coisa diferente, bem diferente. Meu homem interior e meu homem exterior estavam desnivelados – o visível e o invisível não se encontravam mesmo!

Meu coração e minha paixão era a música, mas eu tentei manter essa área separada do meu serviço a Deus. Nós somos engraçados, não é? De alguma forma eu nunca imaginei que Deus fosse me pedir para servi-lo com o que eu mais amava fazer. Achava que de alguma forma isso era carnal, e eu seria muito mais espiritual se fizesse algo que odiava fazer!

Agora eu entendo que Deus é fiel para completar a boa obra que começa em nós. Ele não nos pede para nos conformarmos com o mundo ou uns com os outros. Nós temos que servir uns aos outros com os nossos próprios dons únicos. Não é necessário que escondamos nosso verdadeiro *eu* para que possamos nos encaixar. Ele não cometeu *nenhum* erro ao nos criar.

Cantares de Salomão 6.8-9 revela o prazer de Deus a respeito de nossa individualidade: "Pode haver sessenta rainhas, e oitenta concubinas, e um número sem fim de virgens, mas ela é única, a minha pomba, minha mulher ideal! Ela é a filha favorita de sua mãe, a predileta daquela que deu a luz". Entender e realmente saber que Deus criou cada um de nós de forma única, diferente, e com um propósito, permite que meu coração confie, "pare de lutar e saiba que Ele é Deus!" (Sl 46.10), para ver sua graça e seu favor não merecido revelado na minha vida, permitindo que seu sonho possa emergir!

Capítulo 2

JESUS — O CRIADOR DE SONHOS

Mas bendito é o homem cuja confiança
está no Senhor, cuja confiança nele está.
JEREMIAS 17.7

Seu favor dura a vida toda.
SALMO 30.5

Capítulo 2

Jesus — o criador de sonhos

É surpreendente ver quantas pessoas nunca ouviram que Deus tem um plano magnífico predestinado para suas vidas. Muitas das que já ouviram ainda duvidam que isso seja realmente possível. Porém, a maioria tem uma sensação de um movimento do destino que as leva a desenvolver habilidades e talentos específicos ou a buscar oportunidades específicas que tragam uma sensação de completude.

A verdade é que Deus tem sim um plano para cada um de nós e já nos equipou com todos os dons e talentos necessários para ver o desdobramento do plano. Ele planta uma semente do sonho em nossas vidas antes mesmo de sermos grandes o suficiente para senti-lo crescendo.

O Salmo 139.13-18 explica:

> Tu criaste o íntimo do meu ser e me teceste no ventre de minha mãe. Eu te louvo porque me fizeste de modo especial e admirável. Tuas obras são maravilhosas! Digo isso com convicção.

> Meus ossos não estavam escondidos de ti quando em secreto fui formado e entretecido como nas profundezas da terra. Os teus olhos viram o meu embrião; todos os dias determinados para mim foram escritos no teu livro antes de qualquer deles existir.
> Como são preciosos para mim os teus pensamentos, ó Deus! Como é grande a soma deles! Se eu os contasse seriam mais do que os grãos de areia. Se terminasse de contá-los, eu ainda estaria contigo.

Mark e eu ainda estamos estarrecidos pelo caminho que estamos tomando, pelos nossos amigos, nossa família, nossa igreja e os novos sonhos que Deus tem gerado dentro de nós! Olhando para trás para nossa jornada até aqui, podemos ver que Ele estava trabalhando para demonstrar seu poder de uma forma gloriosa, e que nos deu uma fé inabalável pelo sonho que continua crescendo dentro de nós.

O Senhor faz tudo com um propósito (veja Provérbios 16.3-7). Nós sabemos que se comprometermos nosso caminho, nossos planos, nossos pensamentos e nossas intenções a Ele, seu favor se move para o nosso bem.

Eu me lembro do dia em que estávamos indo à praia e ouvindo a um programa de rádio desses que o público participa. Eu devo dizer que Amy e Chloe não suportam quando o pai delas ouve programas desse tipo! Uma garota ligou para o locutor do programa e estava basicamente reclamando do seu dia e da sua vida – como a vida é sem esperança para tantos!

E o locutor disse: "Por que é assim?".

Ela respondeu: "Minha vida é a prova de que a teoria do caos está bem viva". Foi uma triste colocação de fatos de uma jovem garota que estava muito desanimada e obviamente se sentindo presa na roleta da vida, procurando uma saída!

A teoria do caos propõe que a vida está em "piloto automático", e que eventos aleatórios simplesmente acontecem.

A Palavra diz: "Sabemos que Deus age em todas as coisas para o bem daqueles que o amam, dos que foram chamados de acordo com o seu propósito" (Rm 8.28). Porém muitas pessoas ao redor do mundo não estão cientes que Deus age em todas as coisas para o bem, porque não aceitaram seu chamado e seu propósito em suas vidas. O mundo as ensinou que suas vidas aconteceram a partir da teoria do caos. Se você aceita essa mentira, sua vida vai parecer frustrante, vazia e desprotegida.

Muitos dizem que o planeta terra "simplesmente aconteceu", sem Deus. Através da colisão de matéria e daí um monte de acidentes aleatórios, nosso incrível Sistema Solar (com planetas funcionando em perfeita, astronômica, meticulosa, brilhante, divina e bela harmonia uns com os outros) simplesmente aconteceu sozinho! A teoria do caos propõe que a vida está em "piloto automático", e que eventos aleatórios simplesmente acontecem. Se as coisas vão mal, bom, assim seja, e se vão bem, é melhor não se acostumar.

No primeiro livro da Bíblia, Gênesis, a Palavra de Deus diz que a terra era sem forma e vazia, com escuridão profunda. Mas através de seu grandioso comando e criatividade, Deus organizou o caos e deu forma aos céus e a terra. Ele dividiu os mares, encheu os oceanos com criaturas aquáticas e os céus com pássaros, e deu forma e corpo a partir do nada. Eu acho bem mais difícil acreditar na teoria do caos do que na inegável evidência da criatividade proposital de Deus. Ao longo da Bíblia existem eventos aparentemente aleatórios que acabaram se mostrando partes específicas do plano perfeito de Deus, com um propósito muito maior que meramente servir àqueles aos quais aconteceram.

Moisés foi posto quando criança em um cesto e flutuou pelo rio “aleatoriamente” até o local aonde a filha do Faraó o encontrou e o tirou da água. Esse mesmo rei, que havia planejado matar todos os garotos hebreus, protegeu, amou e cuidou de Moisés, permitindo que sua filha o criasse como sua própria criança até que estivesse pronto para liderar o povo de Israel para longe do laço de escravidão com o rei.

Em uma conversa sobre a necessidade de pagar impostos, Jesus disse a Pedro para abrir a boca do primeiro peixe que pegasse e dar a moeda que estava dentro dela para os cobradores de impostos (Mt 17.27). Foi outro evento aleatório? Ou é evidência de que o nosso onipotente (com poder ilimitado, capaz de fazer qualquer coisa, todo poderoso, invencível, supremo e inconquistável) Pai tem um plano maravilhoso para o seu povo?

Através de um milagre, Deus pode suspender as leis da natureza, se necessário, para completar seus planos em nosso favor.

Muitos exemplos são dados na Palavra de Deus para mostrar que Ele pode usar qualquer coisa para alcançar seus propósitos. Ele pode usar nossos fracassos e nossos triunfos para glorificar seu nome na terra. Se você cometeu erros, bem-vindo à raça humana! É por isso que precisamos de um Salvador – é por isso que precisamos de Jesus. Seu dom da Salvação e sua capacidade de perdoar e restaurar vidas são o poder da Cruz.

Por um milagre, Deus pode suspender as leis da natureza, se necessário, para completar seus planos em nosso favor. Pode derramar seu favor sobre nós, como fez com Moisés, de forma que até mesmo nossos inimigos cooperem para que seu plano perfeito frutifique em nossas vidas. Ele nos faz prosperar para o nosso benefício e para seu propósito maior de brilhar sua glória através de nossas vidas como um raio de esperança para um mundo que precisa colocar sua confiança nele.

A maioria das pessoas, quer acredite em Deus ou não, admitiria que algum tipo de força ou senso de destino as move na vida. A Palavra diz: "Porque Ele faz raiar o seu sol sobre maus e bons e derrama chuva sobre justos e injustos" (Mt 5.45). Mesmo antes de colocarmos nossa fé em Jesus, Deus trabalha constantemente para manifestar sua perfeita vontade em nós, atraindo a humanidade para Ele.

Deus nos valoriza porque somos adotados em sua família e não porque oferecemos nossos talentos para o seu serviço. Mas mesmo aceitando o fato de que a salvação é gratuita, é difícil às vezes abrir mão da idéia de que precisamos fazer algo para manter o seu favor. Seu desejo de nos abençoar não vem através de *fazer algo para Ele*, mas através de *sermos devotados a Ele*. Eu fiquei presa nesse padrão de pensamento de descrença por muitos anos e achei difícil aceitar que Deus me amava por quem eu era e não pelo que eu fazia. Precisei aceitar que minha salvação nunca teria que ser ganha e que meu valor estava estabelecido no coração do meu Deus muito antes que Ele me desse certos talentos.

> Tu criaste o íntimo do meu ser e me teceste no ventre de minha mãe. Eu te louvo porque me fizeste de modo especial e admirável. Tuas obras são maravilhosas! Digo isso com convicção. Meus ossos não estavam escondidos de ti quando em secreto fui formado e entretecido como nas profundezas da terra. Os teus olhos viram o meu embrião; todos os dias determinados para mim foram escritos no teu livro antes de qualquer deles existir.
>
> Salmo 139.13-16

A Palavra de Deus é clara ao dizer que sua graça sobre nós não é merecida. Ele estendeu a sua mão e ofereceu o dom da salvação – não existe nenhum preço adicional necessário. Nós só temos que receber sua graça com ações de graças.

Compreender a justificação de Cristo...
E como Ele nos justifica...
É de tirar o fôlego.

[Contanto, eu não trato o presente gracioso de Deus como algo sem importância contrariando seu propósito inicial]; Não anulo a graça (favor não merecido) de Deus; pois se a justiça (justificação, absolvição da culpa) vem pela Lei (de guardar os rituais da mesma), Cristo (o Messias) morreu inutilmente! – sua morte teria sido totalmente desnecessária.

Gálatas 2.21

Vocês, que procuram ser justificados pela lei, separam-se de Cristo; caíram da graça – do favor não merecido e da bênção gratuita.

Gálatas 5.4

Eu amo a forma que a *The Message* (*A Mensagem*: tradução Bíblica para o inglês que coloca comentários junto aos versículos, como na tradução acima) explica como Deus trabalha através de nós, ao invés de nós trabalharmos para Deus. Ela diz: "Que o próprio Senhor Jesus Cristo e Deus nosso pai, que nos amou e nos surpreendeu com dons de auxílio infinito e confiança, colocou um novo coração em nós e nos deu ânimo para o trabalho, e reviveu suas palavras" (2Ts 2.16-17 – *A Mensagem*).

Que Salvador maravilhoso! O próprio Jesus trabalha em nosso favor para fazer os sonhos que Ele nos dá acontecerem. O Senhor vai nos fortalecer e nos dar ânimo para que seus planos para nós tenham sucesso. Mas note, Ele dá ânimo para o *nosso* trabalho e faz reviverem as *nossas* palavras!

A parábola de Mateus 25.14-30 ilustra os princípios de como o Senhor nos dá alguma coisa a fim de ser usada para Ele para acrescentar ao seu próprio Reino. Nessa história o Senhor confiou talentos (de valor monetário) para cada um dos seus servos (veja o v. 15). Da mesma forma, Deus nos dá talentos (nossas habilidades naturais e dons) que podem ser investidos para aumentar seu Reino.

Note que os dois servos que sabiam da bondade do coração do seu senhor não tiveram medo de se arriscar e investir seus talentos em algo que fosse trazer lucro. Conseqüentemente, ambos dobraram seus investimentos e foram capazes de dar ao seu senhor o dobro da quantia que lhes foi dada. Mas aquele que enterrou seu talento por causa do medo do que seu senhor faria se o perdesse, foi chamado de servo mau, preguiçoso e desocupado. Os talentos que haviam sido dados a ele foram tirados e colocados nas mãos de um servo que os usaria para o "lucro" do senhor.

Nós temos responsabilidade sobre os talentos que Deus nos confiou.

Nós temos responsabilidade sobre os talentos que Deus nos confiou. Que talentos você recebeu? Eles estão enterrados ou você os tem usado? Um talento, meu amigo, pode parecer algo que você deseja ter, mas na verdade, é qualquer coisa que você esteja pronto a *dar*!

Em Êxodo 36 lemos sobre as pessoas que trabalhavam para construir o tabernáculo de Deus. Todas as pessoas talentosas para as quais Deus havia dado habilidade e talento e que estavam *dispostas* a vir e fazer o trabalho, movidas por seus sonhos de construir um templo grandioso que fosse digno de abrigar a sua glória.

Deus está chamando você para usar seus talentos para desenvolver suas habilidades e servir o mundo de alguma forma. Seus planos e seus propósitos para você são maiores que qualquer coisa que possa imaginar. Ele deixou suas intenções claras dizendo:

> "Porque sou eu que conheço os planos que tenho para vocês", diz o Senhor, "planos de fazê-los prosperar e não de lhes causar dano, planos de dar-lhes esperança e um futuro. Então vocês clamarão a mim, virão orar a mim, e eu os ouvirei. Vocês me procurarão e me acharão quando me procurarem de todo o coração".
>
> Jeremias 29.11-13

Peço a Deus que ao ler essa passagem você seja encorajado a examinar o chamado de seu coração, considerar os dons que tem recebido, e trocar seus medos por fé no poder de Deus de preparar e preservar o sonho que plantou em você.

> Conscientes disso, oramos constantemente por vocês, para que o nosso Deus os faça dignos da vocação e, com poder, cumpra todo bom propósito e toda obra que

> procede da fé. Assim o nome de nosso Senhor Jesus será glorificado em vocês, e vocês nele, segundo a graça de nosso Deus e do Senhor Jesus Cristo.
>
> 2Tessalonicenses 1.11-12

As obras das suas mãos se tornam um ato de adoração quando a intenção do seu coração é de demonstrar aos outros a glória da bondade de Deus em sua vida. Que todos possamos ouvir Jesus nos dizer: "Muito bem, servo bom e fiel! Você foi fiel no pouco, eu o porei sobre o muito. Venha e participe da alegria do seu senhor!" (Mt 25.21).

Capítulo

3

Darlene Zschech

Qual é o desejo do seu coração?

Das muitas ocupações brotam sonhos...

Eclesiastes 5.3

Capítulo

3

QUAL É O DESEJO DO SEU CORAÇÃO?

Deus tem soprado um sonho no coração de cada indivíduo, não importando se é devotado ou não a Ele. Ele nos chama para participar do seu grande plano para o mundo. Romanos 1.19-20 diz: "Pois o que de Deus se pode conhecer é manifesto entre eles, porque Deus lhes manifestou. Pois desde a criação do mundo os atributos invisíveis de Deus, seu eterno poder e sua natureza divina, têm sido vistos claramente, sendo compreendidos por meio das coisas criadas, de forma que tais homens são indesculpáveis".

Porque Deus age em todas as coisas de acordo com o seu propósito, coloca dentro de cada um de nós um desejo incrível de conhecê-lo. Uma vez que a completude de Deus está em você, suas paixões são redirecionadas e as suas ocupações são motivadas por valores diferenciados. O *desejo* é uma emoção muito forte e precisa do direcionamento de um coração saudável para trazer resultados saudáveis.

Constantemente, buscamos alimentar nossas paixões, e todos nós sabemos que a vida sem Cristo é fútil – como escalar uma montanha e nunca chegar ao topo. Nunca satisfeitos, nossos corações vazios ficam prontos a se apegar a qualquer tipo de ensino ou enganação que esteja bem disfarçado como verdade. Mas verdadeiros cristãos são de uma espécie diferente. Eles bebem da fonte da vida com seus rostos voltados para o Filho. Vivem em favor, mesmo em tempos difíceis – e por isso invocam: "Que seu rosto brilhe em mim".

Porque Deus age em todas as coisas
de acordo com o seu propósito,
coloca dentro de cada um de nós um
desejo incrível de conhecê-lo.

Quando nos deleitamos em Deus, Ele promete nos dar os desejos e os pedidos secretos de nossos corações. A idéia de viver para agradar o coração de Deus tem crescido em mim conforme eu cresço nele. O Salmo 37.3-4 nos lembra que Deus fará esses desejos acontecerem à medida que entregamos nosso caminho a Ele.

Deus tem dado e confiado dons a todas as pessoas na terra, mas existem muitos fatores que podem nos distrair de realizar o potencial ou a esperança que temos dentro de nós. Ainda assim, o sonho inspirado por

Deus dentro de você, tem o poder de libertá-lo do pensamento de que nunca conseguirá realizar seus sonhos. Imagine se tivéssemos uma remota idéia da nossa verdadeira capacidade!

O apóstolo Paulo explicou esse propósito e chamado em sua carta à igreja dizendo:

> E nos revelou o mistério da sua vontade, de acordo com o seu bom propósito que ele estabeleceu em Cristo, isto é, de fazer convergir em Cristo todas as coisas, celestiais ou terrenas, na dispensação da plenitude dos tempos. Nele fomos também escolhidos, tendo sido predestinados conforme o plano daquele que faz todas as coisas segundo o propósito da sua vontade, a fim de nós, os que primeiro esperamos em Cristo, sejamos para o louvor da sua glória.
>
> Efésios 1.9-14

A incrível complexidade do ser humano é muito rica em vida, propósito, função, criatividade, reprodução e equilíbrio, feita perfeitamente de acordo com o projeto de Deus. Desde o Éden temos lutado, sendo cegados pelo mestre dos enganos enquanto ele busca nos questionar, manipular, confundir, minar e desvalorizar o próprio valor e o motivo do orgulho e da alegria de Deus. Sendo feitos conforme a imagem de Deus, sua natureza criativa é constantemente vista através da vida de seus filhos.

Uma vez vi um show do Sting (ele foi simplesmente incrível!). *Tantos* "dons" para um ser humano só! Pensamentos corriam pela minha mente: "Meu Deus, Sting. Você é como o rei Davi, cheio de salmos, melodias e música. E canta como se não soubesse que as mãos de Deus estão sobre você. Você está tão próximo do coração de Deus... É um grande poeta, cheio de amor; e suas capacidades não são por causa de suas habilidades naturais – você recorreu à fonte do seu criador." Eu podia *ver* a semente do sonho de Deus operando nele; podia *ver* o chamado de Deus na sua vida.

O cumprimento de um sonho de Deus sempre demanda grande coragem, porque são sempre *maiores* que nós mesmos. Bill Gates mudou a forma como o mundo se comunica, mas seu maior sonho é por um fim a poliomielite. Seu sonho tem um propósito maior que ele mesmo. De onde viria esse sonho se não de Deus?

Martin Luther King tinha um sonho divino que inflamava harmonia e liberdade para o nosso mundo. Seu sonho foi alimentado e fortalecido pela paixão que o consumia de ver pessoas presas serem libertas. Isso para mim é um sonho divino.

Madre Teresa nasceu destinada, no tempo perfeito de Deus dentro da eternidade, para cumprir seu propósito. Essa pequena senhora, com um foco objetivo e um coração cheio de amor e compaixão pelas pessoas, deixou uma herança e um desafio para todos os que ousam confiar sua vida a Cristo. Um sonho não muito popular, mas, ah, que sonho divino.

Oprah Winfrey é uma mulher que foi tocada pela graça. Quer você goste de sua abordagem ou não, ela dedica muito tempo, recursos e energia para ver a vida dos outros ser elevada. Será que isso pode ser uma semente de um sonho divino?

Nancy Alcorn (um pequeno dínamo e uma grande amiga) presenciou muita injustiça e fundou a *Mercy Ministries* (Ministério Misericórdia), um programa dedicado a restaurar a vida de jovens mulheres. Um grande sonho, uma mulher e grande coragem – um Deus maravilhoso.

Nelson Mandela – um homem corajoso com tão grande convicção que negou sua própria liberdade para garantir liberdade a inúmeros milhares.

Você pode somar as histórias de pessoas que conhece que vivem para elevar a vida de outros. Nós podemos preencher cada página com grandes exemplos de tantos outros, famosos ou não, que têm vivido com grande coragem para ver o sonho de seus corações acontecerem.

Nós somos criados à imagem de Deus, e nossas vidas foram feitas para serem uma demonstração visual da sua grandiosa glória e bondade. Quando nos distanciamos de Deus e seguimos nosso próprio caminho, nos afastamos do nosso propósito e da nossa única esperança de uma verdadeira satisfação. Existem tantas pessoas brilhantes, ainda vivas ou mesmo já falecidas, que foram confiadas com coisas do céu, mas nunca entenderam o que tinham e porquê. Existem muitas histórias de pessoas que tinham talentos excepcionais em suas mãos, mas que escolheram se afastar deles porque não conseguiam viver com o peso de algo tão grandioso. Nós podemos achar sucesso longe de Deus, mas não podemos achar satisfação eterna longe dele.

Faça a você mesmo essa pergunta: "Qual é o seu sonho?". Escreva suas respostas. É bem possível que isso lhe dê uma boa idéia de como deve viver.

As pessoas estão sedentas pela presença de Deus em suas vidas diárias. Para que elas vejam a glória de Deus e a sua bondade, precisamos estar dispostos a permitir que o seu potencial em nós seja revelado. Quando virem Deus trabalhando através do cumprimento de nossos objetivos e sonhos, podem confiar nele com seus próprios sonhos.

> Eu tenho um sonho... É um sonho profundamente enraizado no sonho americano. Eu tenho um sonho de que um dia nossa nação se levante e viva o verdadeiro significado de sua crença: "Nós temos essas verdades para tornarmos evidente que todos os homens são criados iguais". Eu tenho um sonho de que nos campos vermelhos da Geórgia, os filhos dos antigos escravos e os filhos dos antigos donos de escravos sejam capazes de se sentar à mesa da irmandade. Eu tenho um sonho de que um dia, mesmo o Estado do Mississipi, um Estado sufocado pelo calor da injustiça, sufocado pelo calor da opressão, seja transformado em um oásis de liberdade e justiça. Eu tenho um sonho no qual meus quatro filhos viverão em uma nação aonde não haja julgamento pela cor de suas peles, mas pelo conteúdo de seu caráter. Eu tenho um sonho hoje...
>
> Martin Luther King Jr.

Qual é o seu sonho?

O que seu coração manda fazer?

Quais são os pedidos secretos do seu coração?

O que você gostaria de ser?

O que você pode fazer, ou fazer parte, para abençoar o mundo de outra pessoa?

Você é bom em quê?

O que você faria se tempo e recursos fossem ilimitados?

O que você acha fácil?

O que move você?

Que idéia você hesita comentar em voz alta porque é muito grande e muito ousada?

As pessoas estão famintas da presença de Deus em suas vidas diárias.

Nós conhecemos a Palavra de Deus, entendemos que Ele é "capaz de fazer infinitamente mais do que tudo o que pedimos ou pensamos, de acordo com o seu poder que atua em nós" (Ef 3.20). No próximo verso, Ele promete isso a todas as gerações, para sempre e sempre!

Porém, quando se trata de fazer algo a respeito do nosso sonho divino, muitas vezes sentimos falta de coragem e confiança, e recusamos a nos ver como Deus nos vê. Isso não somente nos limita, mas pode nos paralisar de forma que simplesmente nos acomodemos com nosso destino. Assistimos outros realizarem seus sonhos, mas somos incapazes de dar um passo de fé e ver os desejos do nosso coração se tornarem realidade.

O ponto de partida para ver um sonho divino se cumprir é dar um passo, iniciar, *começar de onde você estiver*! Toda *grandiosidade* começa em algum lugar, normalmente em algum "cantinho do deserto" em um território não tão maravilhoso, confiando no favor de Deus para realizá-la. Se lhe falta fé, bondade, conhecimento, autocontrole, perseverança, piedade, afeto por seu irmão e o amor necessário para que a sua vida cresça em maturidade, então você está em ótima companhia! Peça a Deus para lhe dar sabedoria, pois o seu poder nos dá tudo o que precisamos para a vida.

Escreva a visão

No começo de nossa vida de casal, Mark e eu decidimos escrever nossos objetivos – a curto prazo e a longo, algumas aspirações para nossas vidas. Pedimos a Deus para direcionar nossos esforços, assim como a Palavra diz: "Em seu coração o homem planeja o seu caminho, mas o Senhor determina os seus passos" (Pv 16.9). De fato, todo começo de ano, enquanto estamos de férias, separamos um tempo para rever nossos objetivos e sonhos, ver o quanto fizemos e descobrir as coisas que precisamos reavaliar.

Jeremias 10.23 diz: "Eu sei, Senhor, que não está nas mãos do homem o seu futuro; não compete ao homem dirigir os seus passos". Escrever nossos sonhos nos ajuda a prestar mais atenção para o que Deus tem nos inspirado a fazer e cumprir a instrução de Provérbios 4.20-23: "Meu filho, escute o que lhe digo; preste atenção às minhas palavras. Nunca as perca de vista; guarde-as no fundo do coração, pois são vida para quem as encontra e saúde para todo o teu ser. Acima de tudo, guarde o seu coração, pois dele depende toda a sua vida". De fato, eu sempre sinto que toda vez que coloco os desejos do meu coração no papel, literalmente os coloco em movimento. Isso é demais!

Seu sonho pode ficar claro como uma visitação de Deus, mas pode também vir como um sussurro gentil em seu espírito ou como um desejo interior que você, só você, consegue perceber e sentir. Algumas pessoas gastam anos esperando que algo bata em suas portas, música, luzes no céu, uma visitação de anjos ou a voz de um profeta dizendo: "Deus me manda dizer a você...". Mas tudo o que Mark e eu recebemos foi uma vontade em nossos corações e a Palavra de Deus, que nos encoraja continuamente a sermos fiéis, sermos servos, e a louvarmos a Deus em todo o tempo. Soa tão fácil!!

Meu posicionamento como pastora de louvor não começou com o sonho de dirigir louvor. Longe disso. Eu simplesmente comecei minha jornada amando a Deus, servindo na casa de Deus, fazendo café, realizando tarefas, estando disponível, fazendo o que fosse necessário, gastando tempo conhecendo-o e aprendendo a receber sua presença em minha vida.

Uma vez que você percebe o sonho agindo em seu coração, escreva-o. Acompanhe seus desejos escrevendo as visões do que quer que aconteça em sua vida. Seja corajoso para escrever o que gostaria que acontecesse. Isso vai ajudar a trazer clareza e a perceber a mão de Deus em seu favor no futuro, enquanto começa a andar nessa direção corajosamente.

Habacuque 2.2-3 diz:

> Então o Senhor me respondeu: "Escreva claramente a visão em tábuas, para que se leia facilmente. Pois a visão aguarda um tempo designado; ela fala do fim, e não falhará. Ainda que demore, espere-a; porque ela certamente virá e não se atrasará".

Não tenha medo de falar para as pessoas sobre sua confiança e seu amor pela sua visão para a sua vida. Seu sonho será testado a tempo. E se você tem dúvidas de que essa é a vontade de Deus, volte à questão fundamental: Esse desejo vai abençoar outras vidas? Vai ajudar a construir o Reino de Deus? Ele está alinhado com o desejo de Deus para a minha vida? O plano de Deus para a sua vida não contradiz a sua Palavra – nunca deixe ninguém lhe dizer o contrário!

Não é suficiente ter um sonho sem planos de ação. Criar minhas filhas da forma como sonhei requer um comprometimento pessoal de minha parte que envolve tempo, energia, mais energia, e todas as outras coisas que vêm junto com a maternidade.

O que quer que você valorize, é aí que deve colocar o seu tempo, energia, atenção, finanças, amor e dedicação. Você vai perceber rapidamente o que valoriza prestando atenção em que gasta o seu tempo, sua energia e seu dinheiro quando não precisa!

Verdadeiro sucesso na vida é custoso. Podemos facilmente apontar as diversas razões pelas quais não podemos seguir o chamado de Deus em nossas vidas, culpando tantos outros fatores pelo que pode ser nossa própria incapacidade de perseverar, e rápidos para derrubar os outros quando suas vidas estão começando a ter alguma influência.

Agir a respeito do meu sonho é minha decisão. Eu não posso culpar o diabo se o meu sonho de criar uma boa vida em família não acontece porque eu gasto meu tempo dormindo ou estando muito ocupada para me importar. Criar um bom casamento não acontece porque você sonha a respeito. É uma *decisão*: você trabalha pesado nisso porque tem valor para você.

Eu tenho sonhos para muitas áreas da minha vida, e às vezes é difícil balancear meu tempo. Nessa jornada da vida, Mark e eu desejamos muito ser uma bênção para a nossa igreja. Porque eu sinto que esse é um desejo que vem do próprio céu, ele não entra em conflito com meu desejo de ser uma grande mãe de família e de construir uma família *forte*!

Deus nos abençoou com o número necessário de horas em cada dia para realizar tudo que é necessário que façamos – tempo para a família, tempo para o trabalho, tempo para a amizade e tempo para descanso. Existe uma promessa amorosa em Marcos 10.29-30:

> Respondeu Jesus: "Digo-lhes a verdade: Ninguém que tenha deixado casa, irmãos, irmãs, mãe, pai, filhos, ou campos, por causa de mim e do evangelho, deixará de receber cem vezes mais, já no tempo presente, casas,

irmãos, irmãs, mães, filhos e campos, e com eles perseguição; e, na era futura, a vida eterna".

Faça planos para alcançar o seu sonho

Em 1999, enquanto viajava pelos Estados Unidos, encontrei por acaso uma pequena loja de livros antigos cheia de tesouros "previamente amados". Bem no fundo, colocada na lateral contra a parede, estava uma placa de madeira pintada à mão com as palavras: "Fé, família e amigos". Meu coração deu um pulo, porque essas são as três coisas na vida que eu mais valorizo. Então, nas três semanas seguintes, carregamos aquela placa pelos E.U.A., até que finalmente chegamos em casa. Agora temos essas palavras gravadas sobre a lareira para nos lembrar constantemente de valorizar e investir tempo construindo as fundações de nossas vidas para um lugar forte e seguro.

Jesus veio, viveu e morreu por você e por mim. O céu sente dores pela humanidade e Deus existe para ela. Se as pessoas deixarem de importar para nós, paramos de funcionar da maneira que deveríamos. Fomos criados para nos conectar. Contato é vida! Conectando-nos com Deus, achamos a verdadeira vida, e quando nos conectamos com os outros, a vida em Cristo é compartilhada, nutrida, desafiada e acentuada.

Ter um lugar para morar é um lar;
ter alguém para amar é família.

Um prisioneiro de guerra resgatado, quando questionado a respeito do que havia aprendido em sua experiência "infernal" na terra, respondeu: "Amar mais a Jesus e amar e valorizar mais a minha família". Deus criou esta maravilhosa instituição chamada família – o esforço, o amor e normalmente o trabalho pesado de relacionamentos próximos. Eugene Peterson disse: "Sem esforço no amor, não pode haver conexão, futuro ou sucesso conjunto. Se conectar-se é vida, então solidão é o pior horror". O próprio Deus acomoda o solitário, a viúva, o órfão, o deslocado – em família.

Se essa é uma área que representa mágoa e decepção, e você deseja estar ligado a uma família, então *amizade* pode ser a forma de achá-la. Esse corpo maravilhoso e beijado por Deus chamado igreja, quando operando o sobrenatural, vai facilmente transformar amigos em família.

Busque em primeiro lugar a justiça, a paz e a alegria

Deixe que o seu foco seja conhecido pelo Rei e siga seu reino em primeiro lugar. Quando você fizer dessa forma, Jesus disse que todas as coisas (nossos desejos) seriam acrescentadas em nossas vidas (veja Mateus 6.33). "Pois o reino de Deus não é comida nem bebida, mas justiça, paz e alegria no Espírito Santo; aquele que assim serve a Cristo é agradável a Deus e aprovado pelos homens" (Rm 14.17-18).

Em 1Coríntios 4.20-21 lemos: "Pois o Reino de Deus não consiste de palavras, mas de poder. Que é que vocês querem? Devo ir a vocês com vara, ou com amor e espírito de mansidão?".

A Palavra é clara no sentido de que, se buscarmos a forma de viver segundo Deus, Ele nos dará os desejos e petições do nosso coração. Jesus deseja nos dar a vida abundante – um vislumbre do céu na terra.

As bem-aventuranças (Mateus 5.2-12)

E ele começou a ensiná-los, dizendo:

Bem-aventurados os pobres em espírito, pois deles é o Reino dos céus.

Bem-aventurados os que choram, pois serão consolados.

Bem-aventurados os humildes, pois eles receberão a terra por herança.

Bem-aventurados os que têm fome e sede de justiça, pois serão satisfeitos.

Bem-aventurados os misericordiosos, pois obterão misericórdia.

Bem-aventurados os puros de coração, pois verão a Deus.

Bem-aventurados os pacificadores, pois serão chamados filhos de Deus.

Bem-aventurados os perseguidos por causa da justiça, pois deles é o Reino dos céus.

Bem-aventurados serão vocês quando, por minha causa, os insultarem, os perseguirem e levantarem todo tipo de calúnia contra vocês.

Alegrem-se e regozijem-se, porque grande é a sua recompensa nos céus, pois da mesma forma perseguiram os profetas que viveram antes de vocês.

Capítulo

4

O ladrão de sonhos

"Nunca deixe algo enchê-lo com tanta mágoa que faça você esquecer a alegria da ressurreição de Cristo..."
Madre Teresa

Capítulo 4

O LADRÃO DE SONHOS

Eu posso garantir que quando você começar a se levantar e caminhar, falando de iniciativa, com aquele brilho de confiança começando a raiar por dentro, você *vai* encontrar resistência. Quer seja uma forma antiquada de pensar, falta de suporte das pessoas ao seu redor ou o próprio diabo confrontando você...

Mark e eu temos conversado bastante sobre um sonho específico de algo que tem sido muito querido de nossos corações. Esse sonho foi iniciado quando estávamos namorando! Tínhamos o desejo de começar um ministério em nosso país para ajudar jovens mulheres destruídas, mas não tínhamos certeza – bom, isso é subestimar a idéia... nós não fazíamos a *menor idéia* de como isso seria na verdade.

Nunca vou me esquecer quando o “dia do destino”, em 1999, começou a se desdobrar diante de nós quando conhecemos Nancy Alcorn (essa mulher maravilhosa que mencionei anteriormente), fundadora do *Mercy Ministries* nos Estados Unidos. Ela trabalhava com delinqüência juvenil desde 1973, e começou seu primeiro lar para mães solteiras em 1983. Desde então, centenas de mães solteiras e jovens com problemas têm encontrado amor incondicional, esperança, restauração e cura através desse ministério tão necessário. Enquanto isso, Deus havia começado a tocar o coração de Nancy para orar pela Austrália.

Após conhecer Nancy, sabíamos em nossos corações que Deus havia nos conectado pelo propósito específico de começar esse ministério tão oportuno na Austrália. A missão de Nancy era como ver em tempo real uma imagem que apenas tínhamos imaginado. Deus é paciente – não se desespera pela nossa impaciência. Ele não pode ser subornado ou bajulado! Ele cumpre o trabalho que começa em nós de acordo com o seu tempo. Quando o tempo é certo, Ele se move rapidamente e compensa o tempo que tivemos que esperar nele.

No momento em que comecei a escrever este livro, havíamos comprado nossa primeira casa para o *Mercy Ministries*, em Sidney. Queríamos uma casa em um local bonito de Sydney, aonde as jovens pudessem ficar gratuitamente e sentir a maravilhosa habilidade de Deus de criar um futuro brilhante para elas apesar de um começo obscuro. Ele providenciou uma propriedade próxima de nossa igreja que parece feita sob medida para a nossa missão. Tem diversos quartos, salas de jogos e lindos jardins ao redor da propriedade e diversos acres de terra em um dos bairros mais desejados de Sydney. Por mais que no começo a comunidade fosse contra o uso dessa propriedade pela

Mercy Ministries, orações e suporte de nossos incríveis líderes comunitários nos ajudaram a conseguir a aprovação do prefeito e dos membros do conselho.

Deus já estava trabalhando para o cumprimento do sonho quando plantou a idéia em nossos corações muitos anos atrás.

Mal sabemos nós

Deus já estava trabalhando para o cumprimento do sonho quando plantou a idéia em nossos corações muitos anos atrás, e estava tecendo esse sonho através das vidas de muitos outros. Jenni Fairbairn, natural de Sydney, foi a primeira formanda do *Mercy Ministries* dos Estados Unidos. Ela havia procurado ajuda em nosso país por muito tempo, mas não conseguiu nada e, por puro desespero, viajou para os E.U.A. para conseguir ajuda! Ela estava lutando contra as drogas, álcool e anorexia aguda, pesando apenas quarenta e três quilos. Ela compartilha em suas próprias palavras:

> "A vida sempre foi muito confusa para mim, e eu passava uma grande parte do tempo imaginando quem era e quem deveria ser. Eu pensava seriamente que Deus havia se enganado ao fazer Jenni Fairbairn. Mal

> sabia eu, nessa época, quão grandes coisas Ele tinha planejado para mim.
> Eu entrei pelas portas do *Mercy Ministries* desesperada, quebrada, e com pouquíssima esperança. Precisava de um milagre, e no fundo eu sabia que Deus era o único que podia me ajudar. Eu havia procurado em todo lugar. Os programas do governo poderiam me aceitar se pudesse esperar de doze a dezoito meses, mas eu sabia que não tinha todo esse tempo.
> O amor e a aceitação que recebi no *Mercy Ministries* foi diferente de tudo o que experimentei até agora. Eu não podia acreditar que essas pessoas se importavam genuinamente comigo e não esperavam nada em troca. Eu fui impactada por seu amor incondicional."

Em um ano na *Mercy Ministries*, Jenni pôde andar com a cabeça erguida, não mais envergonhada de seu passado e agora empolgada a respeito de seu futuro. Deus tem uma semente de sonho crescendo em Jenni. O inimigo, que vem para matar, roubar e destruir, adoraria não somente roubar o sonho de Jenni como sua própria vida! Mas aí está, novamente, o beijo do céu. Nosso Deus é *maravilhoso*!

Jenni começou a trabalhar com Mark e comigo para abrir a Mercy Austrália. Mercy Austrália é a realização do sonho divino que se tornou realidade. Esse sonho continua crescendo enquanto continuamos a orar pelo momento de Deus para abrir muitas casas em toda a Austrália e Nova Zelândia. E nós já abrimos nossa segunda casa em Queesnland.

Não ouça às vozes erradas
enquanto espera em Deus.

Agora entendemos que precisamos esperar pelo tempo apontado por Deus. Nós fomos fiéis com o que Deus colocou em nossas mãos, mas quando começamos não tínhamos dinheiro, escritórios, pessoal... parecem os ingredientes perfeitos para atrair o favor de Deus para mim... ver o sonho de Deus se tornar uma realidade. Se você não tem as qualificações, a experiência, a educação, ou às vezes, o suporte dos que estão perto de você, então... tudo o que posso dizer é, pelo menos dessa forma você pode ter certeza de que conforme essa semente cresce e floresce, toda a glória será dada a Deus!

Servir a Deus é custoso – não existe dúvida a respeito – mas o preço pago é nada comparado à grande alegria que achamos na sua obra. Não é uma alegria baseada em circunstâncias – *nada* pode roubar a alegria de um cristão dedicado. Muitas pessoas fogem de seus sonhos quando percebem que custam paciência, perseverança e resistência. Eles não querem pagar o preço que o sonho requer.

Não ouça às vozes erradas enquanto espera em Deus. Ao invés disso, resista ao ladrão de sonhos cercando-se de pessoas piedosas que levantem a sua fé, e não de pessoas que simplesmente lhe dêem conselhos de sua própria lógica. Conseguir chegar à realização de um sonho dado por Deus demanda grande coragem.

Existem incontáveis milhares de pessoas que nos mostraram o caminho, buscando missões nobres de forma piedosa e corajosa. Por exemplo, Marilyn Hickey é uma mulher que admiro muito, que tem a coragem de ir atrás de um sonho de Deus. Nascida aparentemente na geração errada, na época em que as mulheres eram banidas de ocupar um cargo ministerial, não se prendeu às limitações naturais da situação, e vive experimentando seu sonho de cobrir a terra com a Palavra de Deus, a paixão de sua vida.

Sua semente de sonho começou com trabalho duro, até a madrugada, enquanto sua família dormia, fazendo gravações da Palavra de Deus para aqueles que precisavam ouvi-la. Nenhuma mulher antes dela havia feito algo como aquilo; não era permitido. Mas ela tinha um sonho em seu coração.

Quando Sarah, filha de Marilyn, teve seu primeiro bebê, ela me chamou para me contar as grandes novidades. Eu perguntei a ela: "Onde está a sua mãe? Ela está bem?". Sarah disse: "Ela está escalando as muralhas do Sudão, está cobrindo a terra com a Palavra de Deus". Marilyn estava com sessenta e tantos anos nessa época, mas a semente de seu sonho a fez superar a si mesma, porque o sonho era maior que ela. *Tão inspirador!*

Favor nos tempos desfavoráveis

A palavra *favor* aparentemente descreve uma vida "perfeita" – vivendo o raiar da promessa vinte e quatro horas por dia, sem nenhum problema, nada para superar, sem montanhas para subir, sem nenhum problema no mundo. Bom, isso, meu amigo, é reservado para o céu.

Você precisa entender que se esse é seu conceito de como a vida na terra deve ser e se qualquer coisa que não seja comparável com esse ideal o deixa desapontado, então seus momentos de verdadeira alegria vão ser tão fugazes que *nada* vai satisfazê-lo em momento algum.

Na metade de 2002, Mark e eu, juntamente com nossa família e uma equipe maravilhosa da Compassion Austrália, fizemos uma viagem muito aguardada para Bancoc e Chiang Mai, na Tailândia, e Manila, nas Filipinas. Fomos visitar duas das crianças que patrocinamos. Nós estávamos ansiosos para conhecê-las e às suas famílias, para ver onde moravam e também que tipo de diferença o patrocínio realmente fazia. Estávamos nervosos a respeito do que encontraríamos em algumas das favelas que visitaríamos, imaginando como a experiência afetaria a vida das meninas, e pedindo a Deus por sabedoria para trazer mudança para essas circunstâncias tão duras.

Sim, nós vimos muita miséria, choramos ao ver as condições aterradoras que as famílias tinham de suportar, e ficamos consternados por sentimentos de desesperança frente à absoluta enormidade de dor. Mas também achamos uma profundidade do espírito humano e uma bondade que era muito brilhante para passar despercebida, e descobrimos uma nova revelação do favor de Deus na pior das situações, mais uma vez mostrando o coração de nosso Pai voltado para a humanidade.

Jó nunca abandonou ou fugiu
de sua dedicação a Deus.

Na Palavra, sempre que Jesus era revelado, havia respostas; sempre que era conhecido, havia provisão, mesmo se acontecia de tempos em tempos. Sempre que a realidade de Cristo era conhecida, havia esperança. Nenhuma dessas crianças possuía algo, absolutamente nada de valor terreno, mesmo assim tinham um brilho em seus olhos e um entendimento profundo, simples e inocente de que eram amadas sem medida por seu Pai celestial. Eu fui bastante inspirada ao ver o amor de Cristo em ação e a determinação desses magníficos seres humanos para buscar a sua face e a sua vontade para suas vidas, para serem obedientes e para confiar o futuro a Ele.

Existe uma passagem incrível em Jó 10.12 que diz: "Deste-me vida e foste bondoso para comigo, e na tua providência cuidaste do meu espírito". Durante a experiência infernal de Jó, mesmo que ocasionalmente se visse argumentando *com* Deus, ele nunca abandonou ou fugiu de sua dedicação *a* Deus.

No primeiro capítulo de Jó, mesmo depois de perder seu meio de vida, suas riquezas e seus filhos amados, a primeira coisa que ele fez foi cair ao chão e adorar. A devoção real de Jó era claramente abundante, e evidente também na adversidade. A lição mais maravilhosa no meio de tudo isso foi a consciência da bondade e do *cuidado* do seu Deus.

Assim como o Livro de Salmos nos ensina, precisamos *selá* (esperar, pausar, pensar a respeito deste momento). No mesmo momento em que algo leva você a ficar desapontado ou desanimado a respeito de sua situação, pode escolher usar o mesmo momento para olhar e para contar com o favor de Deus para *erguer sua cabeça*. Mais uma vez, é uma escolha. Nós não merecemos graça e favor, mas os atraímos. Ele *nunca* vai decepcionar você.

As coisas podem acontecer de forma diferente do que esperava, mas o próprio Deus, que promete nunca abandonar ou desamparar você, vai ter êxito. Essa é a graça da fé. É o suporte de nossas vidas; é tão real. A Palavra até a descreve como algo substancial, a prova daquilo que não vemos (veja Hebreus 11.1). Confiança é invisível ao olho humano, ah, mas tão real para o espírito do homem.

Outra experiência incrível que encontramos naquela mesma viagem foi um culto de adoração feito pelas crianças da Compassion. Novamente, muitas crianças órfãs, vivendo em condições básicas, às vezes esquálidas, se juntaram para oferecer louvor ao seu Deus e Salvador por tudo o que Ele tem feito na vida delas. Elas cantaram uma música atrás da outra para exaltá-lo por quem Ele é, nunca reclamando, abençoadas em sua simples condição de seres humanos de viver na alegria da salvação. Eu pude sentir o coração de Deus sendo abençoado – *divino*!

Nunca mais eu vou reclamar de levantar cedo quando meu cansaço é simplesmente por causa das longas horas necessárias para *viver uma vida abençoada*! Meus infortúnios foram colocados em perspectiva, e novamente nossos motivos foram desafiados e refinados ao sermos levados às profundidades da verdadeira adoração por essas lendas vivas – verdadeiros heróis do século vinte e um!

Jesus é a diferença, meus amigos. Ele funciona. No terceiro mundo, onde as inadequações das nações mais prósperas na terra estão permitindo que milhões de pessoas vivam em extrema pobreza, a Palavra ainda funciona. Quando você estiver em situações de vida ou morte, adivinhe só – a Palavra de Deus funciona. Ela é viva; Ela é revolucionária. E se você estiver realmente em seu limite, a Palavra de Deus não mente e sempre vai sustentar o seu espírito. O favor é assim.

Muitas vezes sonhos foram usados por Deus no Antigo Testamento como uma revelação divina. Em Gênesis 37, uma grande história começa a se desdobrar a respeito de um jovem chamado José. Ele era um pastor (qual a relação entre pastores e grandeza?) que foi descrito como favorecido por seu pai porque nasceu quando ele já era de idade avançada. José era um sonhador, e o sonho descrito nos versos 5-7 devem ter lhe cativado, porque compartilhou com seus irmãos, que se indignaram de sua assim chamada arrogância e confiança demasiada.

Você pensa que José aprendeu que não receberia o suporte que tanto queria de seus irmãos? Mas não, ele contou-lhes seu próximo sonho, deixando-os ainda mais enraivecidos (veja Gênesis 37.9). Acho que o conteúdo do sonho os tirou dos trilhos, pois era um exemplo de como iriam, em pouco tempo, juntamente com as estrelas do céu, ver a si mesmos prostrando-se diante dele. Você sabe a história. Eventualmente eles se cansaram da sua atitude aparentemente insolente e planejaram matá-lo. *Que extremo!* Seu irmão mais velho interveio e mandou que o colocassem em um poço ao invés de matá-lo. A partir daquele momento, mesmo para quem era de fora, parecia que a vida dele estava perdida.

As coisas foram de mal a pior – do poço para ser vendido como escravo (veja Gênesis 37.18-24). Deus continuou a preparar um caminho onde não havia caminho. Eventualmente, José foi levado para a casa de Potifar (um oficial do palácio). Ali José achou favor novamente.

Gênesis 39.2-6 diz que o Senhor era com José, e ele prosperava, vivendo sob o "beijo do céu". Assim que ficou evidente aos olhos de Potifar que José tinha o favor de Deus e que o Senhor dava sucesso ao que ele fazia, Potifar o colocou como responsável por tudo o que possuía. A história continua como no filme *Feitiço do Tempo* (Groundhog Day). José se vê novamente jogado injustamente na prisão. Mas o nosso tenaz José tinha um sonho, e mesmo na prisão o Senhor estava com ele e lhe deu sua bondade e seu favor (veja Gênesis 39.21).

Eventualmente José se tornou líder sobre o Egito, e assim como no sonho que Deus revelou anteriormente, todas as pessoas, inclusive seus irmãos, se prostraram diante dele. O ato mais bonito acontece quando José dá nome a seu segundo filho. Ele o chama de Efraim, dizendo: "É porque o Senhor me fez frutífero na terra do meu sofrimento" (Gn 41.52) – outro grande exemplo do favor divino.

Se você está servindo a Deus, amando-o em tudo que faz, encorajo você a ser forte; não deixe seu coração se abater. Assim como fez com José, Deus trabalha por nós para que seu plano aconteça. *Nenhum homem ou plano do mal* pode entrar no caminho do Todo Poderoso.

Deus não faz com que nossos sonhos e esperanças morram. Devemos encorajar uns aos outros a ignorar as mentiras de Satanás e nos segurar no fato de que Deus soprou vida em nós e tem nos dado sonhos para alcançar e desfrutar. Muitas pessoas têm sofrido por uma vida que foi bagunçada pelo ladrão de sonhos, e agora simplesmente sobrevivem sem paixão pela vida.

Você não quer chegar ao fim de sua vida e ouvir "pronto" e sim "muito bom". Resista ao inimigo que tenta roubar nossos sonhos. Precisamos ficar firmes, mesmo quando não há possibilidades naturais para isso. Quando a vida é dura, quando perdemos a batalha contra o ladrão de sonhos, não podemos entregar a guerra. Precisamos usar nossa fé e confiança de que Deus vai conceder os desejos do nosso coração assim como a Palavra nos promete. Os sonhos de Deus são muito preciosos para serem descartados.

Você não quer chegar ao fim de sua vida e ouvir "pronto" e sim "muito bom".

Quando continuamos a confiar em Deus nos momentos que requerem fé, nos fortalecemos. Esse tipo de fé alcança o coração de Deus, e quando decepções pessoais resultam em louvor, mesmo quando tudo parece escuro ao nosso redor, seus braços abertos estão lá para nos confortar e nos fortalecer. Como mencionei em *Louvor Extravagante* (Editora Atos, 2003), quando abortei nosso filhinho tão amado, Deus converteu o incidente que o ladrão de sonhos usou contra mim para criar uma paixão e convicção ainda maiores para adorar a Deus. Isso nunca será roubado de mim. Tenho confiança que os sonhos vão brotar das sementes que Ele plantou em todos que sacrificam louvor a Ele.

Nunca desista de um sonho de Deus

Por mais que meus pais continuamente me encorajassem e fossem exemplos de pais amorosos, o ladrão de sonhos, com uma idéia do meu potencial, estava trabalhando duro para me destruir. Eu atravessei minha adolescência pensando o pior a respeito de mim mesma – me achando gorda e feia, acreditando que tinha que trabalhar mais para ser mais amada, para agradar ou ser aceita. Eu sentia que era o motivo do divórcio em minha família. Essa é a história familiar de muitos jovens.

Agora eu sei que era o diabo, o ladrão de sonhos, que veio roubar o futuro que Deus havia colocado em meu jovem coração. Ele trabalha com mais força em jovens ou em pessoas com novos sonhos, para frustrar toda esperança e matar a semente de sonho em seu frágil começo. Ele levou meu bebê antes mesmo de eu ter a chance de lutar por ele. Ele rouba – essa é a sua personalidade – ele é um ladrão.

Os sonhos de Deus sempre acham oposição, mesmo antes de você perceber que sua maravilhosa idéia pode ser mais que um capricho. Quantas vezes uma grande idéia veio e você instantaneamente pensou: *"Ah, seria demais, mas eu nunca poderia...?"*. Quando você ouve palavras como *"Eu nunca poderia..."* saiba que o inimigo planeja a sua derrota e não a sua vitória, apagando um sonho em sua infância.

Quando Jesus nasceu, o inimigo de Deus colocou um desejo no coração de Herodes de encontrá-lo e matá-lo. Antes do nascimento de Moisés, o mesmo ladrão de sonhos fez Faraó decretar que todos os meninos nascidos fossem mortos. O diabo percebe um sonho de Deus bem antes de nós.

Em primeiro Samuel nós lemos que Satanás tentou apagar o chamado de Davi de ser escolhido rei de Israel. Davi era o candidato com menor probabilidade de se tornar rei – pelo menos aos olhos de todos os outros. Quando Samuel veio ungir um dos filhos de Jessé para assumir o lugar de Saul como governante do povo de Deus, o pai de Davi nem sequer pensou que ele deveria ser mencionado como um de seus filhos. Davi era "o menos importante".

A maioria de nós acredita que merece ao menos ser mencionado como membro de nossa família! Eu acredito que o plano do inimigo era matar o sonho de Deus para Davi em sua infância. Davi era o menor dos menores, mas quando Deus o escolheu, disse ao profeta Samuel: "O Senhor não vê como o homem: o homem vê a aparência, mas o senhor vê o coração" (1Sm 16.7).

Deixe Deus assoprar vida em seu sonho

Você sabe que um sonho vem de Deus quando consegue abrir mão dele; mas Ele não abre mão de você. Eu sou grata pela maravilhosa generosidade de Deus, e meus sonhos se realizaram por causa da sua graça em assoprar vida nas sementes do desejo do meu coração. Deus soprou vida em Adão; soprou vida na criação; e quer soprar vida na vida que lhe deu. A vida que Deus sopra é a sua presença sobrenatural para trazer seu favor e abundância a nossa vida natural. É o poder de derrotar o ladrão de sonhos.

A vida sobrenatural é estar ciente da presença de Deus em tudo o que fazemos.

Jesus disse que veio nos trazer vida, não morte, e vida completa. Ele explica: "O ladrão vem apenas para roubar, matar e destruir; eu vim para que tenham vida, e a tenham plenamente" (Jo 10.10). A palavra abundância vem da palavra grega *perissos*, que significa "superabundante em quantidade" ou "superior em qualidade", ficando implícito "excessivo". Em Cristo e através dele nós temos acesso a uma vida que excede, abundantemente acima, mais vantajosa, altamente, sem medida, mais, veemente cheia da bondade de Deus. *Isso é demais!*

Você pode viver toda a sua vida fazendo o que é natural: acordar de manhã, ir ao trabalho, vir para casa no fim do dia, dormir e se levantar no dia seguinte, simplesmente para fazer tudo de novo – essa é uma vida natural. Mas a vida sobrenatural é estar ciente da presença de Deus em tudo o que você faz. A vida sobrenatural acontece quando você deixa Deus soprar a vida dele na sua. Jesus é a dimensão da nossa vida diária natural que nos leva a fazer coisas sobrenaturais que demonstram a glória da sua presença em nossas vidas.

Mesmo que o seu dia possa trazer eventos que lhe causem raiva, a presença sobrenatural da vida de Deus em você lhe dá forças para responder com compaixão. Quando alguém faz algo para machucar você, sua resposta natural pode ser mágoa. Mas esse sentimento pode ser sobrenaturalmente trocado por empatia e interesse pelo ofensor.

Alegria sobrenatural fica no lugar do desgosto natural; misericórdia toma o lugar da retribuição; e há vida aonde haveria morte.

Deixe-me dar a você algumas descrições de dicionários sobre *graça*: "Uma disposição de bondade e compaixão, favor não merecido e gratuito da bondade de Deus, um estado de santificação por Deus, amor divino e proteção distribuídos de graça sobre as pessoas". Vamos comparar agora com as descrições de *favor*: "Um ato de bondade graciosa, um sentimento de favorecimento, considerado como favorito, tido como privilegiado".

Existem apenas duas palavras em hebraico, no Antigo Testamento, que são traduzidas para a palavra *graça* em português, e ambas vêm da raiz *chânan*, que é a mesma usada para *favor*, significando inclinar-se ou curvar-se em bondade para como um inferior; implorar, conceder, mostrar misericórdia, suplicar.

A concordância *Strong* dá uma só palavra em inglês – *favor* – como tradução da palavra grega *charis*, que significa atitude ou ato gracioso, especialmente a influência divina sobre o coração – aceitável, benefício, presente, agradável, alegria, liberalidade, prazer.

Tentar separar as palavras *graça* e *favor* parece praticamente impossível. *Graça* é usada para falar de nossa posição na vida enquanto *favor* é usado com mais freqüência para falar de nossa missão. *Graça* para viver e *favor* para mover. Acho que é por isso que ambas são inerentemente cruciais para estar vivo e ser efetivo: "Pois nele vivemos, nos movemos e existimos" (At 17.28).

A palavra *graça* é comumente usada para expressar o conceito de bondade para com alguém completamente não merecedor. É por isso que é descrito como o "favor não merecido de Deus". Graça não é meramente o único ato de bondade que nos leva a salvação, mas é o fator que nos dá força para manter uma vida cristã poderosa. Favor, em comparação, não é usado com tanta freqüência no Novo Testamento, mas quando é, normalmente faz referência a alguém que fez uma boa ação e, então, encontrou favor. Existe um elemento sobrenatural nisso que está fora do nosso controle.

Essa é a vida completa que precisamos para permitir que Deus sopre em nós e em nossos sonhos. Eu desafio você a inalar o sopro de Deus que faz com que as coisas naturais sejam renegadas e com que a presença sobrenatural de Deus represente a sua reação à vida. Sua vida em nós traz o seu favor – sua vida abundante. Quando o ladrão de sonhos ameaça a esperança em seu coração, corra para os braços do Distribuidor de sonhos. A única arma que Satanás tem contra nós é a mentira de que nossos sonhos não podem se tornar realidade. O ladrão de sonhos é facilmente derrotado. A Bíblia diz: "Submetam-se a Deus. Resistam ao Diabo, e ele fugirá de vocês" (Tg 4.7).

Seja honesto com Deus e diga a Ele quando se sentir atribulado. À medida que desejar servi-lo de verdade, adorando-o por ser forte quando é fraco, Ele vai levantá-lo e carregá-lo para um lugar de graça sobrenatural que não vai mais ser apenas um sonho. Deus vai fazer os seus sonhos se tornarem a realidade de uma vida abundante nele.

Capítulo

5

A TROCA DO CÉU

Pois nele foram criadas todas as coisas
nos céus e na terra, as visíveis e as invisíveis, sejam
tronos ou soberanias, poderes ou autoridades; todas as
coisas foram criadas por ele e para ele. Ele é antes de
todas as coisas, e nele tudo subsiste.
Colossenses 1.16-17

Capítulo 5

A TROCA DO CÉU

Se você escolhe enxergar, a vida é cheia de relances de trocas do céu no seu mundo. Esses momentos em que tentamos ver a vida através dos olhos de Deus, para capturar e lembrar de sua maravilhosa fidelidade, têm se tornado âncoras para me manter no lugar quando novas tempestades se levantam contra mim.

Uma dessas âncoras de esperança veio quando meu pai estava morrendo de câncer. Eu o estava visitando após a sua última cirurgia, e ele morreria em seis semanas. Ele tinha um imenso buraco em seu estômago que não se curava. Eu estava desiludida. Não estava brava com Deus, mas tinha diversas questões para as quais não conseguia achar respostas. Meu pai era tão querido para mim por tantos motivos, e foi através dele que eu verdadeiramente conheci a Cristo. Eu não podia entender *porquê* meu pai não melhorava. Todos acreditavam e esperavam um milagre. Ele havia sido fiel ao Senhor, e *eu* sentia que merecia um milagre!

Um dia, ao sentar perto de meu pai, falei sobre o questionamento do meu coração. Eu disse: "Pai, eu não entendo porquê você está sofrendo. Pelo que eu li na Palavra de Deus – sobre nosso futuro e nossa esperança – bom, isso não faz parte. Nós realmente precisamos de um milagre".

Eu nunca vou esquecer as maravilhosas palavras que meu amado pai me disse do seu leito no hospital naquele dia, no final do mês de novembro de 1990. Mesmo com seu corpo tomado pelo câncer, ele me olhou com seus lindos olhos sorridentes e então me disse: "Minha querida, eu já *tenho* o meu milagre".

Eu olhei para ele em descrença (pensando que os remédios contra dor haviam ido direto para sua cabeça!). "Eu já *tenho* meu milagre", papai disse novamente. "Eu conheço Jesus; eu tenho a salvação, e isso é suficiente – é suficiente para mim."

No natural, era tão duro como se a morte já o houvesse visitado, mas papai ainda estava vivendo sob o favor de Deus. Ele podia ver a troca do céu mesmo sem que eu a visse. A paixão de papai pelo ponto de vista de Deus realmente rasgou meu coração e desafiou minha perspectiva, iniciando uma grande mudança na minha forma de pensar.

Hoje considero a confissão de meus lábios ao passar pelas provações da vida, e eu me esforço para trocar a minha perspectiva pela perspectiva dos céus. Apesar de nossas circunstâncias, Deus promete nos olhar com favor e manter suas promessas conosco. Ele promete andar conosco e nos manter como dele (veja Levítico 26.9-12).

Meu pai viu que Jesus era o maior milagre de todos, e ser capaz de entender seu ponto de vista é um grande, grande dom. Papai não precisava de um milagre de cura para ser cheio; sua amizade com Jesus era o cumprimento do propósito de sua vida

---

Aprender a ser um adorador é definitivamente uma decisão que precisamos fazer todo dia.

Meu pai era um adorador! Ele via a vida do ponto de vista de Deus. Via o melhor, e tinha a habilidade de mudar as coisas ao seu redor e influenciar aqueles que estavam em volta dele confessando com seus lábios o louvor que estava em seu coração. Aprender a ser um adorador é definitivamente uma decisão que precisamos fazer todo dia.

Louvar a Deus em meio a circunstâncias ameaçadoras é um princípio poderoso de sacrifício que o agrada. Louvor é um princípio que muda a atmosfera, e se pudermos fazer disso um estilo de vida, o louvor tem a capacidade de abrir portas de possibilidade em nossa frente.

No dia 8 de dezembro de 1990, meu querido amigo e pai foi para casa com Jesus. A morte não deixou dores. O coração de louvor de papai e sua fé intransigente nunca vacilaram, e ele dançou a caminho do lar celestial.

Quando você sabe que o sofrimento é tão grande que sente que vai mergulhar nas profundezas da emoção, é aí que precisa escolher adorar ao Rei – lá no seu ponto mais baixo. É aí que a doce presença de Deus vai descer sobre você, e nosso Pai vai soprar seu favor em sua vida, permitindo que se levante novamente e encontre sua graça e seu favor para continuar.

Quando você sente que seu mundo está em completa escuridão, escolha louvar ao Pai no meio de tudo isso. A luz gloriosa de Deus vai invadir a situação, e a verdade é que a luz e as trevas não podem coexistir. Uma explosão de louvor leva embora a escuridão, e novamente seu beijo, a realidade do porquê precisamos de um Salvador, é revelada.

Esses são exemplos do que eu chamo de *trocas do céu*, quando Deus literalmente troca nossa fraqueza pela sua força, nosso quebrantamento pela sua completude. Ele nos diz: "Minha graça é suficiente para você, pois o meu poder se aperfeiçoa na fraqueza" (2Co 12.9).

Quando você se posiciona e escolhe se alegrar em face à oposição, está literalmente utilizando as armas da guerra espiritual que Paulo descreve em 2Coríntios 10.4: "As armas com as quais lutamos não são humanas; ao contrário, são poderosas em Deus para destruir fortalezas". O Salmo 66.3 diz: "Tão grande é o teu poder que os teus inimigos rastejam diante de ti!".

Momentos de contentamento têm que ser conectados com o céu de alguma forma, porque a verdadeira felicidade é uma demonstração da graça de Deus sendo colocada sobre nós. Eu conheço grandes pessoas que desfrutam de momentos de satisfação e sucesso, porém não vivem vidas satisfeitas. Você pode viver uma vida inteira sem que ela seja uma vida inteiramente *gratificante*.

Você pode viver uma vida inteira sem que ela seja uma vida inteiramente gratificante.

O sonho de Deus para você é primeiramente a *salvação*, para abençoá-lo com sua comunhão e para abençoar outros através da amizade íntima que Ele tem com você. Essas trocas estão disponíveis todos os dias se escolhermos vê-las.

Às vezes, Deus oferece trocas do céu que consideramos difíceis de fazer, mesmo quando queremos o que Ele está nos dando. Eu me lembro de uma troca desse tipo quando Deus me disse que eu nunca teria que representar para Ele. Demorou bastante para que visse essa verdade através da perspectiva dele. Só quando entendi tudo o que Jesus fez para ganhar o amor de Deus a meu favor, fui capaz de aceitar que nunca poderia fazer mais para merecer a graça de Deus demonstrada através do que Jesus havia feito.

Existem duas formas de enxergar os desafios diários que enfrentamos: uma visão é através dos olhos obscuros da desesperança; a outra é através da árvore da vida, com nossas faces voltadas para Ele, vendo Deus trabalhando para trocar nossos presentes conflitos por sua misericordiosa glória.

Eu tenho aprendido a focar a troca do céu dando a Deus todas as minhas preocupações e aprendendo a fazer o que Davi fez no Salmo 4. Em troca, Ele me dá confiança para continuar destemida: "Em paz me deito e logo adormeço, pois só tu, Senhor, me fazes viver em segurança" (Sl 4.8).

O "Salmo noturno", a forma afetiva que nos referimos ao Salmo 4, é o título perfeito. As palavras de Davi no v. 4 são citadas em Efésios 4.26-27: "Quando vocês ficarem irados, não pequem. Apazigúem a sua ira antes que o sol se ponha". Na sua vida, não dê base ao diabo aceitando todo capricho emocional que tenta mandar em você. Davi certamente havia percebido que quando se sentia ultrajado ou suas emoções estavam prestes a tomar conta dele, a sabedoria gritava: “Espere!”.

Selá. Dê uma pausa, pense, aquiete sua alma consigo mesmo. Parece como uma entrega de vaso para mim. Parece domínio próprio. Salmo 4.5 resume esse processo de decisão abruptamente: “Ofereçam sacrifícios como Deus exige e confiem no Senhor”.

A maioria das decisões que você toma diariamente para andar no caminho da justiça requer que diga não quando quer dizer sim. Elas requerem que você feche sua boca e não diga nada quando sente que tem muito a dizer, ou que você dê mais do que pensa que tem. Novamente ouvimos as palavras: “Confie no Senhor”. Nosso Senhor já orquestrou sua graça e favor por nós, mas cabe a nós utilizá-los.

A troca do céu reforça a glória de Deus

Muitos anos atrás, Mark e eu estávamos investindo parte do nosso tempo em serviços em nossa igreja enquanto lutávamos para conseguir sustento através das vendas em nossa loja de motocicletas. Eu era a responsável pelas vozes na igreja, o que requeria muitas horas do meu tempo, e ajudava em nosso negócio vendendo peças de motos pelo telefone (apenas quero acrescentar aqui que não era a melhor nesse trabalho, mas sei tudo a respeito de juntas de vedação e filtros!). Também, sempre que podia, cantava jingles (shows, segunda voz, rádio e anúncios de TV). Tudo isso enquanto buscava equilibrar meu tempo para ser mãe de nossas lindas filhas.

Eu havia feito um compromisso de dar a Deus tudo o que tinha, mas de vez em quanto, pensava: *Certo, eu prometi dar minha vida a Deus, mas agora veja onde estou!* Estava me sentindo esgotada, imaginando que havia entrado em um grande buraco.

Eu tenho aprendido a amar duas palavras: *perseverança* e *paciência* (talvez *amor* seja uma palavra muito forte!). Para encontrar a troca do céu, precisamos entender que nunca somos resgatados magicamente em um instante de nossos problemas, mas percebemos instantaneamente de forma sobrenatural a sua bondade, seu favor, seu tempo e seu compromisso em construir nossas vidas. O mais incrível é que naquele momento difícil e frustrante de minha vida, a música "Aclame ao Senhor" nasceu. A troca do céu.

Em outro dia, naquele mesmo período de minha vida, quando já estava muito cansada e frustrada, abri a caixa de correio e encontrei outra conta do cheque especial. Eu pensei: *Simplesmente não posso continuar mais nem um dia. Não posso mais fazer isso! Deus, o que aconteceu com a sua promessa? Eu simplesmente não posso acreditar que isso esteja acontecendo conosco.* Você conhece a expressão: Trabalhando demais e ganhando de menos!

Eu aprendi a amar duas palavras:
perseverança e paciência.

Bom, meus pensamentos de desespero e lágrimas de auto-piedade foram interrompidos pelo som das risadas de minhas filhas vindo do quarto. Nossa pequena Chloe tinha quase um ano de idade, e Amy, quase quatro, e agora suas risadas soavam como se estivessem fazendo uma grande travessura. Eu entrei no quarto para ver o que as meninas estavam fazendo que parecia tão engraçado para elas.

Nunca vou me esquecer da imagem da alegria delas naquele dia. Ali estavam elas, minhas lindas garotas, totalmente sem roupa, pulando alegremente na cama. Talvez o fato de eu ter tirado o lençol da cama para lavá-lo tenha feito as garotas verem o colchão como um playground convidativo. Cada uma delas tinha um pote de talco na mão, que era freneticamente sacudido enquanto pulavam. Raios de sol passavam através da janela, dando ao esfumaçado e cheiroso ar uma sensação de maravilha etérea. Eu nunca vou me esquecer da figura daqueles dois corpos nus, rindo na nuvem cheia de luz do sol e nuvens de talco. Eu entrei no quarto e comecei a rir.

Quando Deus nos dá uma troca do céu, somos lembrados do que é realmente importante na vida.

Mais uma vez, Deus trocou de forma linda meu ponto de vista pelo dele quando vi meus bebês brincando alegremente sem nenhuma preocupação na luz do sol! Foi uma imagem exuberante de "entregar seus cuidados a Ele!". Elas estavam *alheias* a todas as minhas preocupações de adulta. Simplesmente amavam estar vivas, amando uma a outra, e amando fazer bagunça!

Eu sentei no chão ao lado da cama e ri com minhas filhas queridas. Algo no meu coração sussurrava: *tudo vai ficar bem.* Eu senti o sorriso do céu. Segundos antes estava agitada, pensando que o favor estava começando a parecer o inferno na terra, não o céu na terra! Então, trinta segundos depois, minhas filhinhas dançantes haviam mudado o meu coração. Deus estava vendo a minha vida em uma luz muito mais bonita naquele dia do que eu entendia naquele momento.

Quando Deus nos dá uma troca do céu, somos lembrados dos verdadeiros valores da vida. Eu tenho certeza que Deus oferece trocas do céu para todos que escolhem vê-las.

A âncora da esperança

A próxima passagem resume a âncora de esperança que foi dada a Abraão, que tem sido passada para nós como herdeiros da promessa. Devemos nos apegar a essa esperança quando ameaçados pelas preocupações da vida. Nossa herança diz assim:

> "Esteja certo de que o abençoarei e farei numerosos os seus descendentes." E foi assim que, depois de esperar pacientemente, Abraão alcançou a promessa. Os homens juram por alguém superior a si mesmos, e o juramento confirma o que foi dito, pondo fim a toda discussão. Querendo mostrar de forma bem clara a natureza imutável do seu propósito para com os herdeiros da promessa, Deus o confirmou com juramen-

> to, para que, por meio de duas coisas imutáveis nas quais é impossível que Deus minta, sejamos firmemente encorajados, nós, que nos refugiamos nele para tomar posse da esperança a nós proposta. Temos esta esperança como âncora da alma, firme e segura, a qual adentra o santuário interior, por trás do véu, onde Jesus, que nos procedeu, entrou em nosso lugar, tornando-se sumo sacerdote para sempre, segundo a ordem de Melquisedeque.
>
> Hebreus 6.14-20

A promessa e o juramento de Deus são a nossa esperança, e essa esperança é a âncora de nossa alma, firme e segura. Se entregamos tudo a Deus, inclusive nossos medos, Ele vai operar em tudo juntamente para completar seu plano para nós.

No começo de 2003, eu estava tendo problemas sérios com minha voz. Meu corpo simplesmente *não* queria cantar. Eu abria a minha boca, e nada bonito saía dela. Foi *tão* frustrante – não consigo sequer começar a contar-lhe. Bom, foi no mesmo tempo em que o presidente Bush anunciou que a guerra contra o Iraque era inevitável. Havia medo em todas as notícias. O estado assustador e sofrido do mundo foi trazido à luz novamente.

Uma manhã, após levar as meninas para a escola, gastei alguns momentos ao piano (não aquele velho e antigo; esse outro me foi dado por uma amiga preciosa). Eu simplesmente disse a Deus: "Minha esperança não está na minha habilidade de cantar para ti; minha confiança não está na habilidade da América de vencer uma guerra; minha confiança, meu Pai, está em teu nome".

Aqui está uma parte da música que veio de outra troca do céu.

"Minha esperança"

Minha esperança está no nome do Senhor
De onde vem meu socorro.
Tu és minha força, minha canção.
Minha confiança está no nome do Senhor
E eu vou cantar louvores a Ti.
Tu és fiel.

Capítulo

6

Um coração completamente dedicado

"Se um homem é varredor de ruas,
deve varrer as ruas assim como Michelangelo pintava,
como Beethoven compunha músicas ou como
Shakespeare escrevia poesias. Ele deve varrer tão bem,
que toda a hoste celestial e a terra
pararão para dizer: 'Aqui viveu um grande varredor
de ruas que fez seu trabalho muito bem'."

MARTIN LUTHER KING JR.

Capítulo

6

Um coração completamente dedicado

Como é a aparência de um coração totalmente dedicado? Certamente não parece com religião, e certamente não parece também com uma vida cheia de regras e regulamentos. Nós temos uma noção do que um coração dedicado é quando Ele nos dá um novo coração através da salvação. Salmo 34.22 nos lembra de uma linda promessa: "O Senhor redime a vida dos seus servos; ninguém que nele se refugia será condenado".

A salvação através de Jesus nos dá uma nova vida, livre do passado, cheia da promessa para o dia de hoje. Um novo coração é colocado no âmago de nosso ser, cheio de novas motivações, um novo sistema de valores, um novo começo, e um Salvador para direcionar os nossos passos. Salvação literalmente nos salva. Qualquer pessoa que tenha sido resgatada fisicamente da morte iminente sempre parece descrever, de uma forma ou de outra, que agora vive uma nova vida com uma nova perspectiva. Que presente!

Quando dedicamos nosso coração inteiramente a Deus, nunca somos os mesmos. Somos movidos de uma posição de escuridão espiritual para uma de gloriosa luz. Deus disse do seu povo: "Eu lhes darei um coração capaz de conhecer-me e de saber que eu sou o Senhor. Serão o meu povo, e eu serei o seu Deus, pois eles se voltarão para mim de *todo o coração*" (Jr 24.7). Logo antes disso, Ele disse: "Olharei favoravelmente para eles, e não os trarei de volta a esta terra. Eu os edificarei e não os derrubarei; eu os plantarei e não os arrancarei" (Jr 24.6).

Quando dedicamos todo o nosso coração a Deus, nunca somos os mesmos novamente.

Um coração que valoriza seu Salvador encontra uma fonte de vida que é impossível de ser ignorada. Ao se deleitar no Rei, você se verá florescendo em tempos difíceis, cantando em meio à esterilidade, sorrindo no âmago da adversidade, dando quando não há mais nada para dar, dançando quando seus braços doem, amando quando seu coração está partido, e continuando em pé com força quando ir para a cama parece ser a melhor opção:

> Deleite-se no Senhor, e ele atenderá aos desejos do seu coração. Entregue o seu caminho ao Senhor (cada

cuidado do seu caminho); confie (apóie-se, acredite e seja confiante) nele, e ele agirá

Salmo 37.4-5 – A Mensagem

Os sonhos dentro de você precisam ser regados pela verdade de Deus e aquecidos pela luz da sua presença para que aquela semente germine, forme raízes, e eventualmente floresça em algo tão lindo e tão brilhante, que todos que olhem para o fruto de nossas vidas vejam a bondade não merecida de Deus e seu poder.

Deus é tanto aquele que dá o sonho quanto o que cumpre o sonho que plantou em nós: "Pois é Deus quem efetua em vocês tanto o querer quanto o realizar, de acordo com a boa vontade dele" (Fp 2.13). Quando maduro, o fruto dessa semente irá trazer algo tão maior que sucesso – ele vai ceifar uma abundante colheita de alegria que satisfaz. Aquela semente contém a resposta para a freqüente questão: "Como posso fazer minha vida ser significativa?".

Salmo 1.3 continua nos trazendo respostas simples: "É como árvore plantada à beira de águas correntes: Dá fruto no tempo certo e suas folhas não murcham. Tudo o que ele faz prospera!". Não existe nada menos apetitoso do que uma fruta colhida antes de estar madura. Pegue uma fruta de uma árvore antes do tempo certo, e qual será o sabor? Não é nem amargo nem suave – é corrosivo ou sem sabor, sem gosto.

Se você considerar a Palavra e fugir do pecado, fugir do sigilo, fugir dos maus hábitos, fugir das coisas que alinham você com tudo o que não representa a mão de Deus em sua vida, então, em tempo (que significa no tempo de

Deus, quando você estiver pronto), o fruto de sua vida será doce e vai dar sabor a tudo o que você tocar.

Quando você tenta fazer do seu jeito o seu sonho, mas não no tempo de Deus, as coisas não fluem.

Quando você está tentando pegar um fruto que não está amadurecido, é difícil tirá-lo da árvore. É da mesma forma na vida. Você também tem que se esforçar e lutar quando tenta trabalhar fora do tempo de Deus. Quando tenta fazer do seu jeito o seu sonho, mas não no tempo de Deus, as coisas não fluem. Mas quando é época de colheita, é como pegar uma laranja madura de uma árvore – ela quase cai.

Ela é pesada, porque é cheia de suco; você sente o cheiro antes de cortar. Ela é linda, e o suco respinga para todo lado. Você a põe na boca, e é *tão* boa! É assim que o fruto na época de colheita é. Quando for a época certa na sua vida, haverá a mesma facilidade acontecendo. Não vai ser amargo ou sem sabor. Constantemente pessoas que saíram antes do tempo de colheita deixaram um rastro de amargura, deixaram pessoas desiludidas para trás. Essa *não é* a vontade de Deus.

Solte-se e deixe que todo o seu coração se apegue ao nosso Deus de milagres, porque Ele irá surpreendê-lo sucessivamente, se você permitir. Quando sonhos dados por Deus são conquistados por seu povo, sua glória (seu maravilhoso poder, bondade e carinho) é manifestada na terra e descrentes são atraídos ao seu amor não merecido. Sua vida está completamente escrita pelo destino

Ame a Deus com todo o seu coração, abasteça a sua vida com fé através de sua Palavra, revitalize-se com sua amizade através da adoração, encha-se com seu favor através do caminhar diário, e então *tome cuidado* porque as janelas do céu vão começar a brilhar em tudo o que Ele chamou você para fazer.

Seja totalmente dedicado ao Senhor

Quando comecei a escrever este livro, estava grávida de minha terceira filha, Zoe Jewel. Um dia ,Mark, Amy e Chloe foram comigo ao médico para ver um ultrasom de um pequeno corpo crescendo rapidamente dentro de mim. Estávamos todos um pouco nervosos, porque a última vez que fizemos isso os resultados foram devastadores. Era emocionante para todos nós ouvir o pequeno coração de Zoe batendo com vida fresca! Era impossível tirar os sorrisos de nossos rostos!

Mais tarde, enquanto almoçava com um amigo, compartilhei a alegria que senti ao ouvir o coração de Zoe e também ao vê-lo na tela, batendo em um ritmo perfeito de vida! Parecia que Deus estava me instigando a explorar mais profundamente o quanto amá-lo com *todo* o nosso coração, com todas as câmaras batendo por ele, é relevante para Ele e para a nossa própria satisfação na vida.

Deus disse na sua Palavra: "Darei a vocês um coração novo e porei um espírito novo em vocês; tirarei de vocês o coração de pedra e lhes darei um coração de carne. Porei o meu Espírito em vocês e os levarei a agirem segundo os meus decretos e a obedecerem fielmente às minhas leis" (Ez 36.26-27).

Então, eu comecei a pesquisar o funcionamento interno do coração. Bem simples, o coração funciona como duas bombas (acompanhe a linha de raciocínio). Metade do coração bombeia sangue sem oxigênio para os pulmões, aonde o sangue é reenergizado (cheio de oxigênio novamente). A outra parte do coração bombeia sangue oxigenado dos pulmões para o resto do corpo.

Eu posso enxergar o paralelo de como a graça funciona. O músculo de nosso coração espiritual puxa nossos pensamentos cansados e nossas fragilidades humanas de volta às promessas da Palavra de Deus, aumentando nosso desejo de adorá-lo em verdade. É lá que nossos pensamentos são reenergizados com sua presença. A outra metade de nosso coração espiritual bombeia fé cheia de zelo em nossa caminhada diária com Ele, nos ungindo com seu favor por tudo que Ele propôs que fizéssemos para levar vida ao mundo.

Jesus disse: "Eu vim para que tenham vida, e a tenham plenamente" (Jo 10.10). Se você confiou sua vida a Jesus, então sabe quão diferente é a vida desde que Deus lhe deu um novo coração capaz de bombear sua vida (a vida do próprio Pai) em seus pensamentos e através de suas ações. Mas ouçam, queridos amigos, vocês precisam guardar seus corações. Em Jeremias 17.9 nós somos advertidos que "o coração é mais enganoso que qualquer outra coisa".

Assim como precisamos nos exercitar para aumentar nossa resistência física, precisamos também andar por fé para fortalecer nossos corações espirituais.

Em 2Tessalonicenses 2.17 lemos: "Dêem ânimo ao coração de vocês e os fortaleçam para fazerem sempre o bem, tanto em atos como em palavras". Diferente dos nossos corações naturais, que automaticamente circulam nova vida em todo o nosso corpo, precisamos exercitar nossos corações espirituais com fé para mantê-los fortes. Assim como temos de nos exercitar para aumentar nossa resistência física, precisamos também andar por fé para fortalecer nossos corações espirituais, porque a fé sem obras é morta.

Uma vez, meu médico me colocou em uma esteira para um teste de resistência para calcular a força do meu coração. Foi brutal! Mas quando o teste acabou e os resultados foram bons, eu me senti o máximo! Da mesma forma, Deus permite que nossa fé seja testada para que, de uma posição de força, possamos andar no que realmente cremos.

Deus não nos prova para seu benefício – Ele o faz para o nosso. "Pois o Senhor disciplina a quem ama, e castiga todo aquele a quem aceita como filho" (Hb 12.6). O teste não é para que Deus veja; Ele conhece o nosso interior. Mas cada teste de fé faz nossos corações ficarem um pouco mais fortes, crescendo em maturidade e sabedoria, de força em força, sendo capazes de conduzir bem a vida de tamanho celestial que existe dentro de nós. "Feliz é o homem que persevera na provação, porque depois de aprovado receberá a coroa da vida, que Deus prometeu aos que o amam" (Tg 1.12).

Hebreus 5 fala a cristãos que se tornaram preguiçosos para alcançar o conhecimento espiritual, dizendo que eles deveriam estar ensinando os princípios de Deus aos outros, mas ainda são inexperientes e sem habilidade em relação a *propósitos*, *pensamentos* e *ações* no que diz respeito à vontade de Deus (veja v. 13). Eles são como bebês, ainda pedem o leite da Palavra ao invés de carne: "Mas o alimento sólido é para os adultos, os quais, pelo exercício constante, tornaram-se aptos para discernir tanto o bem quanto o mal" (Hb 5.14).

É a constante aplicação da Palavra de Deus em nossas vidas diárias que nos permite andar na realidade de nossos sonhos. A *Versão Amplificada* da Bíblia diz dessa forma: "Porém comida sólida é para homens crescidos, para aqueles cujos sentidos e faculdades mentais são treinadas pela pratica para discriminar e distinguir entre o que é moralmente bom e nobre e o que é mal e contrário quer seja à lei divina ou humana". E a versão Revista e Corrigida diz que carne gorda pertence "aos perfeitos, os quais, em razão do costume, têm os sentidos exercitados para discernir tanto o bem como o mal".

Cristãos de *meio* coração ouvem a Palavra de Deus, mas nunca colocam em prática e, então, perguntam porque se encontram vivendo na terra da frustração. Já estive lá, já passei por isso! Somos chamados para ser agentes da Palavra e não ouvintes apenas.

Ouse ser alguém que toma as promessas de Deus literalmente e o serve de todo o coração todo dia.

Não seja alguém que escolhe servir a Deus com apenas parte do coração. Ouse *ser* alguém que toma as promessas de Deus literalmente e o serve de todo o coração todo dia, permitindo que ela transforme você e então espalhe a verdade para outros. Essa é a vida abundante que Jesus morreu para lhe dar.

Seja completamente disponível e rendido a Deus

Deus se agrada em usar pessoas comuns com corações dedicados para fazer coisas extraordinárias e ver as promessas em sua Palavra se cumprirem. "Ele guarda as vidas dos seus fiéis" (Sl 97.10). É lindo ver como Ele derrama favor sobre aqueles que são fiéis. Eles podem ser talentosos e maravilhosos, mas isso não é o que realmente enche o coração de Deus ou o que o inspira a abençoá-los.

Eu tenho visto isso diversas vezes através do grupo de louvor. Talento é importante, mas não é o que traz um impacto duradouro. Eu tenho visto muitas pessoas talentosas indo e vindo, geralmente criando sensacionalismo, bufando e reclamando, tentando conseguir atenção. Eu sei que soa duro, mas, para ser honesta, meu desejo através deste livro é prevenir, para que você não aprenda algumas dessas lições da pior forma. Existe favor divino que vem de andar e perseverar em algo com paixão e fidelidade por um longo tempo, não permitindo que seu sonho seja freado por atrasos e obstáculos. Apenas seja bom em confiar em Deus e servir aos outros.

Por mais que muitos tentem, você não pode separar o nome dele da palavra bênção, mesmo que isso o deixe desconfortável, porque está na sua natureza magnífica – parte do tecido da Trindade. Quando entendemos quanto temos recebido através da graça, somos humilhados na presença de Deus. Com esse humilhar, Ele nos eleva novamente. Deus se opõe aos orgulhosos, mas concede graça aos humildes (veja 1Pedro 5.5-11).

Ele vai levantar o humilde no seu devido tempo. Deus derrama graça para nos restaurar, e graça é o poder que nos faz fortes, firmes e estáveis para que nossos corações o agradem. Amar a Deus com todo o nosso coração é um convite para colocar nossa ansiedade nele porque Ele se importa muito. Como eu ouvi alguém dizer: “Jesus preferiu morrer a viver sem você”.

Não despreze os dias de pequenos começos

Quando Mark e eu nos mudamos para Sydney, o primeiro apartamento que tivemos ficava sobre um consultório médico, e tínhamos que dividir o banheiro com seus pacientes! Não era tão ruim, mas uma vez a família de um amigo nosso ficou em nosso flat enquanto estávamos fora da cidade. Esquecemos de lhes contar a respeito do acordo que tínhamos com o médico a respeito do banheiro. (Pequeno detalhe!) Quando nosso amigo terminou seu banho no dia seguinte, abriu a porta e se deparou com uma paciente esperando por sua vez. Ele ficou lá parado – vestido apenas com uma toalha! Nós damos risada agora, mas ele não achou nada engraçado na hora.

Nosso objetivo não era estabelecer nossa família em uma sala de cirurgia... mas ao confiar em Deus de todo o nosso coração, a jornada geralmente parece um pouco diferente do que seria o seu "ideal de fé". Ele sempre proveu o caminho para que seus planos acontecessem. A chave é viver em agradecimento contínuo por tudo o que Ele faz.

Dedique todo o seu coração a Ele... mantenha-o dessa forma com diligência... pois dele brotam as questões da vida!

Capítulo

7

Dedicado a sua Palavra

"Qual é a aparência do favor de Deus?
A graça de Deus aplicada diariamente
sobre uma vida inteira."
MARK ZSCHECH

Capítulo 7

DEDICADO A SUA PALAVRA

"Meu filho, não se esqueça da minha lei, mas guarde no coração os meus mandamentos" (Pv 3.1). A maior parte dos cristãos está familiarizada com a passagem de Provérbios 3.5-6, prometendo que Deus irá nos abençoar se confiarmos nele. Mas os versículos anteriores e posteriores destas famosas palavras são essenciais para nos direcionar a um caminho plano e direto até a promessa de Deus. Considere com cuidado a passagem completa de Provérbios:

> Meu filho, não se esqueça da minha lei, mas guarde no coração os meus mandamentos, pois eles prolongarão a sua vida (que vale a pena ser vivida) por muitos anos e lhe darão prosperidade e paz (interior e exterior e contínua através da velhice e até a morte). Que o amor e a fidelidade (deixando de fora todo ódio e egoísmo, toda hipocrisia e falsidade) jamais o abandonem; pren-

> da-os ao redor do teu pescoço, escreva-os na tábua do teu coração, então você terá o favor de Deus e dos homens, e boa reputação. Confie no Senhor de todo o seu coração e não se apóie em seu próprio entendimento; reconheça o Senhor em todos os seus caminhos, e ele endireitará as suas veredas.
>
> Provérbios 3.1-6

A Palavra de Deus é fonte de vida. Nós encontraremos favor, compreensão e boa reputação da parte de Deus e dos homens se ela estiver viva em nossos corações. Eu vejo essas palavras com praticidade. Se você não é bom em mostrar misericórdia, bondade e verdade àqueles que pertencem ao seu mundo, então peça a Deus que o treine. Seja supervisionado por alguém que irá desafiá-lo quando seu comportamento não estiver de acordo com a Palavra. Vale *muito* a pena buscar isso, porque é uma parte do caráter de Cristo e promessa de grande favor em sua vida.

O dom da paz

À medida que seu conhecimento de Deus cresce, a sua fé também cresce. Tenho percebido em meu próprio caminhar com Deus que, quanto mais o conheço, mais me vejo entregue a Ele. Tanto a palavra escrita (seu *logus*) quanto a palavra dita (seu *rema*) nos enchem de paz. A Bíblia está completamente cheia de promessas, direções e princípios para sua vida. Se você estiver ouvindo, Deus falará com você o tempo todo através da leitura de sua Palavra e diretamente ao seu coração através da sua voz, ainda pequena, dentro de você. Saiba que, às vezes, essa voz aparentemente tão pequena vai parecer *muito* alta quando Deus estiver tentando chamar a sua atenção!

Por diversas vezes olho para um estranho, uma família, mãe e filho – e algo dentro de mim diz: *Vá e fale com eles, puxe um assunto!* Então, eu penso: *Sim... não... não seja louca... etc., etc.*, até que essa comoção dentro de mim é quase audível: VÁ... FALE... AGORA!

Toda vez que eu obedeço a suave voz do Espírito Santo dentro de mim, tenho a oportunidade de começar uma nova amizade, convidar pessoas para a igreja ou simplesmente mostrar bondade. Você pode estar orando e orando para que Deus abra portas para usar você, porém perde incontáveis oportunidades bem à sua frente todo dia.

A Palavra de Deus é vida para nós; ela é tão importante como o ar que respiramos.

Jesus disse: "Nem só de pão viverá o homem, mas de toda palavra que procede da boca de Deus" (Mt 4.4). A Palavra de Deus é vida para nós; ela é tão importante quanto o ar que respiramos. Se não sabemos o que Deus diz em sua Palavra, e se nunca tirarmos tempo para nos aquietar e ouvi-lo, como podemos ter fé em suas promessas? E, sem fé, é impossível agradar a Deus (veja Hebreus 11.6).

Quando os discípulos pediram a Jesus que os ensinasse a orar, uma das coisas que lhes ensinou a pedir foi o pão diário (veja Mateus 6.11). Eu *amo* pão fresco – aquele cheiro incrível e a textura macia e branca. Hummm, não tem nada igual! É da mesma forma com a nossa vida espiritual – nunca estaremos satisfeitos vivendo do passado ou da revelação de outras pessoas. Eu disse isso muitas vezes antes, mas o caminho que leva você ao trono de Deus deve ser um caminho bastante percorrido.

Ouvindo a direção de Deus nas decisões que enfrentamos diariamente, e através da leitura da Palavra para confirmar a sua voz, crescemos em conhecimento de quem Ele é e de quem nós somos em Cristo. Quando entendemos nosso lugar em Cristo, nunca vamos nos contentar com nada menos do que sua perfeita vontade e seu propósito para as nossas vidas.

A paz vem quando não estamos nos esforçando e tentando merecer seu amor e sua promessa, porque o favor de Deus é a força que nos permite servi-lo. Ou iremos senti-la descer sobre nós quando estivermos prestes a nos afogarmos em um mar de aflições, de machucados, rejeição, decepção ou desespero. Aqui está uma linda promessa da Palavra de Deus: “O Senhor, o seu Deus, está em seu meio, poderoso para salvar. Ele se regozijará em você; com o seu amor a renovará, ele se regozijará em você com brados de alegria” (Sf 3.17). Chegar ao fim do dia e ser governado pela paz que excede todo o entendimento não é algo deste mundo. É como um indescritível sopro de ar fresco do mar. A idéia de Deus se alegrando conosco cantando é muito agradável.

Através do louvor entramos na paz da qual Deus nos fala. Paz soa tão suave, mas é a fonte de grande poder em nossas vidas. Quando estamos em paz, vivemos a vida de uma posição de força – correndo sem nos cansar.

Compreender vai acrescentar

Deus sabia que precisaríamos de ajuda para entender seu grande amor por nós, portanto, prometeu nos mandar o Espírito Santo para nos consolar e ensinar tudo que o Senhor quer que saibamos (veja João 14.26). O Espírito Santo irá falar em nossos corações o que ouve o Pai dizer a Ele. João 16.14 nos ensina que Ele vai glorificar a Jesus pegando o que pertence a Ele e tornando isso conhecido por nós. Lindo, lindo, lindo!

Mesmo que você não entenda muito de início, é importante manter a leitura da Palavra e continuar pedindo a Deus que revele a verdade a você através do Espírito Santo. A Palavra vai guiá-lo diretamente ao coração do Pai.

O que você plantar em seu coração, irá colher. Durante a minha vida, algumas das minhas melhores experiências foram quando o Espírito Santo me lembrou de uma promessa em sua Palavra. O tempo de Deus é sempre perfeito. Romanos 10.17 diz: "A fé vem por se ouvir a mensagem, e a mensagem é ouvida mediante a palavra de Cristo". É por isso que é tão importante meditar na Bíblia até entendermos como isso se aplica em nossas circunstâncias atuais. É difícil ignorar a liderança de Deus com as suas promessas escritas em nossos corações.

A intervenção de Deus

Praticamente toda história bíblica de encontros de Deus com seu povo revela um momento quando Ele diz o que queria que fizessem e, dependendo da fé, eles obedeciam ou desobedeciam. Eles não tinham nada mais que uma promessa para ajudá-los a decidir que caminho tomar.

A história da fé de Noé na Palavra de Deus é uma das mais incríveis para mim. Deus disse a ele para construir uma arca grande o suficiente para conter o futuro de toda a criação porque estava mandando chuva para destruir a terra. Não havia uma forma natural para que Noé entendesse o conceito de uma enchente. Imagine isso! Imagine o ridículo que passou por tantos anos enquanto as pessoas riam dele por construir uma proteção contra a *enchente* – algo que ninguém havia visto. Noé não tinha evidência ou prova científica de que a chuva estava vindo; ele simplesmente tinha uma palavra de Deus.

Abraão deixou a segurança de sua terra natal porque Deus lhe disse para ir a um lugar que mais tarde herdaria. Abraão foi sem nem mesmo saber para onde estava indo! Sua fé foi aumentada através da sua vida enquanto ele agia sobre a palavra de Deus e era recompensado com a promessa que Deus havia lhe dado.

Moisés, Gideão, Baraque, Sansão, Jefté, Davi e Samuel – nenhum desses homens era perfeito, mas todos tinham fé em Deus. A prova de que Deus havia falado com eles vinha após terem agido a respeito daquilo que acreditavam. Já houve tantos momentos em minha vida em que as circunstâncias naturais pareciam loucas, mas Deus estava me pedindo que obedecesse e confiasse nele. Esse tipo de situação, me sinto obrigada a dizer, nunca é confortável.

No começo de uma conferência de mulheres da nossa igreja, dei à minha filha mais velha, Amy, meio dia de folga na escola para que ela pudesse participar de uma das reuniões. Chloe, que tem dez anos, ama futebol, lego e robôs, e estava horrorizada por não ter o dia livre para montar robôs em casa! (Essa é a minha Chloe!) Eu disse: "Querida, se você quiser vir à conferência de mulheres, pode ter meio dia de folga também!". Ela respondeu: "Eu não vou a uma conferência do tipo 'pinte suas unhas'" (qualquer coisa rosa é tabu para o mundo de Chloe; ela simplesmente não tem interesse).

Eu disse: "Bom, você não pode ter o dia de folga da escola, então!". Bem, eu adoraria dizer que meu anjo respondeu: "Tudo bem, mamãe". Mas, a verdade é que ela chorou e reclamou enquanto eu mantive minha posição.

Mais tarde, entrei no hall da igreja e Chloe estava marchando no corredor, para cima e para baixo. Ela havia feito uma placa e colado um adesivo. Estava escrito: "Não é justo! Não é justo! Não é justo!". Ela fez isso mesmo! Mark e eu fomos nos arrumar para sair e quando voltamos, pôsteres de "Não é justo!" estavam em toda a extensão do corredor.

Você não tem vontade de fazer isso às vezes? Marchar com um cartaz de piquete escrito "Não é justo!", para todos verem? De vez em quando não vai parecer justo. É por isso que você tem que amar a intervenção divina.

Não há mágica na hora de tornar o seu sonho realidade. Surpresa! Essa é simplesmente a verdade disso tudo. De um lado está a realidade, em que todos estamos vivendo, resolvendo nossa vida. Estamos caminhando, dia a dia, tentando fazer o melhor que podemos com o que está em nossas mãos. Simplesmente andando com fidelidade. E o outro lado é o sonho! Portanto, esses são os dois lados, e no meio – está *a intervenção de Deus*. Eu geralmente sinto que a distância entre a realidade e o sonho parece um caminho muito longo. E mesmo assim, na intervenção de Deus, para a qual fomos feitos para viver, está a fé... a substância das coisas que se esperam, a evidência de coisas que não se vêem.

Um homem que sonho encontrar um dia (talvez no céu) é Billy Graham. Apenas um cara normal, com um incrível coração voltado para Deus... e uma paixão por alcançar o perdido. E você sabe como Billy Graham teve o privilégio de levar milhões a Cristo? "Vivendo" sua vida, a realidade, a existência diária, muito bem. Caminhando, uma cruzada por vez – às vezes em grandes estádios, às vezes para vizinhos por cima da cerca; amando sua esposa, sendo um pai para seus filhos.

Através da fidelidade e paixão pela sua "realidade", vivendo na intervenção de Deus e confiando nele, teve o privilégio de ser capaz de ver seus sonhos se realizarem. Este servo de Cristo, como Neemias, disposto a dar sua vida pelos outros, andou no favor de Deus pela causa do Reino.

Nós estávamos em uma turnê nos Estados Unidos durante os ataques terroristas de 11 de setembro de 2001. Eu me lembro naquela semana de ver Billy Graham, que fora convidado para participar e falar em uma reunião nacional de líderes. Ele se levantou para falar, e no cantinho do monitor da TV estava escrito: "Billy Graham – pastor da nação". Eu meditei em quão incrível é o fato de que, enquanto esse homem simplesmente fez o que o Pai colocou a sua frente para fazer durante todos esses anos de sua vida, Deus lhe deu o privilégio de ser chamado pastor da nação americana em um de seus momentos de maior desespero. Quão inspirador!

Deus nos deu o dom de sermos grandes pensadores. A capacidade de nosso intelecto é surpreendente. Podemos pensar em diferentes níveis a respeito de muitas coisas em momentos diferentes. Mas precisamos aprender a não manipular as circunstâncias para ver nossos sonhos se tornarem realidade. Relacionamentos divinos são maravilhosos, mas nenhum de nós pode ser pego na armadilha da manipulação, porque isso não é viver na "zona de confiança em Deus".

Entrar na armadilha de se promover ao invés de permitir que Deus o faça é um buraco no qual você não quer se ver metido. Oportunidades que são nascidas de bons relacionamentos são ótimas, mas não quando vêm de usar ou abusar de um contato para suprir suas necessidades. Confie no Senhor de todo o seu coração, e não se baseie no seu entendimento.

Sonhos versus objetivos

Existe uma grande diferença entre um sonho e um objetivo. Objetivos são demais. Objetivos são honráveis; são divinos, são nobres. Mas com planejamento antecipado e disciplina, os objetivos são estabelecidos para equipar você com o necessário para atingi-los.

Deixe-me desafiá-lo com esse pensamento: se você consegue ver como fazer, então não é um sonho. É um objetivo. Eu lhe digo, não quero chegar no céu e ouvir: "Muito bem, meu bom e fiel *planejador*". Alcançar os seus planos é ótimo, mas eu quero viver no reino da fé, na intervenção divina, a terra do que é milagroso!

Mark e eu estávamos casados há apenas um ano quando viemos para a Igreja de Hillsong. Mais ou menos 100 pessoas congregavam ali. Nenhum de nós tinha muito dinheiro, mas tínhamos um grande sonho e sabíamos que servíamos a um Deus grandioso. Para pagar por nosso apartamento, tive que ajudar cortando grama da propriedade que alugávamos para que o valor fosse reduzido!

Essa era a nossa realidade – mas estávamos felizes em servir a Deus. Tínhamos verdadeira paixão a respeito do que Deus podia fazer através de nossas vidas, e estávamos simplesmente caminhando. Ainda estamos caminhando, vivendo na intervenção divina, mas agora estamos começando a ver alguns dos sonhos que foram gerados durante todos aqueles anos se tornarem realidade.

Quando a minha filha de dois anos era apenas um bebê, eu estava segurando-a em meus braços um dia, enquanto as minhas outras duas estavam na escola. Enquanto eu a olhava dormindo, disse a Mark: "Querido, eu me sinto vivendo meu sonho". Ele olhou para mim, esperou um momento, e disse: "Bom, sonhe mais alto!". Depois de me recuperar do choque, agradeci a Deus por um homem que pensa assim e que me desafia nos momentos em que eu poderia simplesmente ser tentada a relaxar e parar de "apertar o botão de avançar". Ele desafia a minha complacência.

Coisas que você não quer saber a respeito do sonho

É trabalho duro. Ver nossos sonhos se realizarem é trabalho duro. Requer foco. Existem longas horas, frustração, tempos de testes e esforço. Quando estamos na intervenção divina é assustador; não nos sentimos confortáveis e não é gostoso. Não se espera que seja confortável! Nós precisamos aprender a continuar dizendo: "Tudo posso naquele que me fortalece" (Fp 4.13).

Às vezes, quando estamos em nossa intervenção divina, as coisas parecem injustas. Outras vezes nossa intervenção divina não parece um sonho, mas nosso próprio pesadelo. Existem comparações e desapontamentos. Nós podemos nos sentir subestimados. Pode haver tragédias, coisas que não se enquadravam na maneira como pensávamos que a vida iria se desenrolar.

Em uma conferência de mulheres em 2001, uma de minhas amigas tinha acabado de perder seu bebê de cinco meses. Ela foi à conferência e chorou o tempo todo. Você sabe onde ela estava vivendo? Em sua intervenção divina. "Ora, a fé é o firme fundamento das coisas que se esperam, e a prova das coisas que se não vêem" (Hb 11.1 – RC). Você sabe onde a minha amiga estava mais segura? Na intervenção divina. O Espírito Santo ainda está trabalhando e se movendo para ver o seu sonho se realizar. Ele não havia acabado, embora parecesse que a sua vida tivesse acabado. Mas minha amiga tem tido que caminhar através dessa tragédia.

Às vezes vai parecer injusto, mas o tempo de Deus é perfeito. Salmo 31.14-15 diz: "Mas eu confio em ti, Senhor... o meu futuro está nas tuas mãos". É lindo orar essas palavras quando nosso mundo está bem, mas precisamos plantá-las em nossos corações para os dias em que não estará tudo bem, para confessá-las e declarar a Palavra de Deus sobre as nossas circunstâncias.

2Coríntios 1.20-22 diz: "Porque todas quantas promessas há de Deus, são nele sim, e por ele o Amém, para glória de Deus por nós" [não pela nossa própria força, mas através dele é o "amém" dito para a glória de Deus]. Mas o que nos confirma convosco em Cristo, e o que nos ungiu, é Deus, o qual também nos selou e deu o penhor do Espírito em nossos corações" (RC). E o final do v. 24 diz: "Porque pela fé estais de pé". Pela fé! Nem sempre fácil, mas pela fé.

Outra coisa que precisamos entender é que nem sempre é a respeito de você. Eu sei, é um choque! Deus nos quer sarados, inteiros, bem, fortes, para que possamos ir e ministrar aos de coração partido, aos que sofrem e aos necessitados. Não para que possamos cantar louvores para sempre! Meu ser natural adoraria cantar e adorar por dias, e isso iria realmente ajudar, curar e me deixar quebrantada perante o Pai, mas precisamos saber como trazer tudo o que aprendemos para dentro do processo da vida também!

Nem tudo diz respeito a mim. Precisamos ser consumidos pelas necessidades dos outros também. Às vezes estamos consumidos de tal forma pela vontade de ver nossos sonhos se realizarem, e ficamos tão focados nisso, que nossos olhos nem mesmo vêem as coisas que Deus colocou em nossas mãos. Não percebemos e perdemos toda a experiência da jornada – consumidos com o impossível, com tudo o que não temos – que esquecemos que Deus nos deu favor todos os dias, fazendo o impossível possível.

Uma forma de fazer seus sonhos se tornarem realidade é simplesmente fazer os sonhos de outras pessoas se tornarem realidade. Eu amo isso. Amo o fato de que em nosso grupo de adoração e artes criativas eu tenho tido o privilégio de ser capaz de ajudar os sonhos de outras pessoas a se tornarem realidade. É trabalho duro, e vem com um preço.

Reunir pessoas criativas. Não simplesmente pessoas, mas pessoas criativas – uma coisa totalmente diferente – trabalhando juntas em harmonia como uma máquina bem lubrificada, debaixo do óleo do Espírito, vem a um certo preço. E tudo diz respeito a Ele. Quando entendemos que tudo diz respeito a Deus e de como levar outros a Ele, bem, não existem palavras para descrever essa sensação de completude.

Nossos sonhos começam no que não é visível e serão testados lá. As grandes coisas são alcançadas por fazermos as pequenas coisas com fidelidade. E quando achamos que estamos andando bem nas coisas grandes, precisamos pensar a respeito do que as coisas grandes são feitas – um monte de coisas pequenas! As pessoas acham que fizemos um curso para uma vida de sucesso, e eu digo: "Você está falando sério? É apenas mais um bom tanto de tudo aquilo que sempre fizemos".

Outra coisa: nossos sonhos irão viver ou morrer com as nossas declarações. Se ficarmos dizendo: "Eu não posso; eu não vou; eu nunca vou; minha família nunca me disse que eu poderia", bom, adivinha? Você provavelmente não vai. No final temos que superar tudo isso e dizer: "Com Deus, eu posso". Temos que começar a dizer: "Eu posso; eu vou; eu adoraria; que honra, que privilégio". Submeta-se. E quer saber? Quando se trata de submissão, a Bíblia não pergunta a sua opinião. Ai! Ela simplesmente nos manda servir uma outra visão.

Tenho visto muitos sonhos de amigos meus se realizarem simplesmente por servirem a visão de outra pessoa.

E ao ver meus sonhos se realizarem cada vez mais, meu desafio será continuar a servir a visão de outros. Perante Deus e o céu, é exatamente o que Mark e eu planejamos fazer, porque é aí que vemos todos os nossos sonhos se realizarem... na intervenção divina.

Quando a Palavra de Deus está em nossos corações, nossos desejos mudam.

Quando a Palavra de Deus está em nossos corações, nossos desejos mudam. E eu tenho desejado algumas coisas bem doidas na minha vida! Glória a Deus por seu tempo, sua sabedoria e sua *proteção* sobre o meu coração inexperiente – me protegendo de mim mesma:

> Portanto, irmãos, rogo-lhes pelas misericórdias de Deus que se ofereçam em sacrifício vivo, santo e agradável a Deus; este é o culto racional de vocês. Não se amoldem ao padrão deste mundo, mas transformem-se pela renovação da sua mente, para que sejam capazes de experimentar e comprovar a boa, agradável e perfeita vontade de Deus.
> Por isso, pela graça que me foi dada digo a todos vocês: Ninguém tenha de si mesmo um conceito mais elevado do que deve ter; mas, ao contrário, tenha um conceito equilibrado, de acordo com a medida da fé que Deus lhe concedeu. Assim como cada um de nós tem um corpo com muitos membros e esses membros não exercem todos a mesma função, assim também em Cristo

> nós, que somos muitos, formando um corpo, e cada membro está ligado a todos os outros. Temos diferentes dons, de acordo com a graça que nos foi dada. Se alguém tem o dom de profetizar, use-o na proporção da sua fé. Se o seu dom é servir, sirva; se é ensinar, ensine; se é dar ânimo, que assim faça, se é contribuir, que contribua generosamente; se é exercer liderança, que a exerça com zelo; se é mostrar misericórdia, que o faça com alegria.
>
> Romanos 12.1-8

Você pode aprender através da Palavra de Deus a amar viver na intervenção divina... Abrace a idéia, não lute contra ela, aprenda a amá-la.

> Seu sopro de vida me deixou maravilhado
> E libertou meu espírito.
> Seu amor é imensurável,
> Profundo demais para entender.
> Estou vivendo abraçado pelos céus.
> E eu nunca serei o mesmo.

Extraído de "Kiss of Heaven"

Capítulo

8

Darlene Zschech

Dedicado a sua adoração

"Eu desejo ser um adorador extravagante. Que Deus encontre em meu coração uma canção elaborada, mais que generosa, e transbordante em minha busca por Ele."

Darlene Zschech

Capítulo

8

Dedicado a sua adoração

Só tu és o Senhor. Fizeste os céus, e os mais altos céus, e tudo o que neles há, a terra e tudo o que nela existe, os mares e tudo o que neles existe. Tu deste vida a todos os seres, e os exércitos dos céus te adoram.

Neemias 9.6

Dentro de cada ser humano existe o desejo de adorar! Nós fomos criados para mostrar amor e para sermos amados, e mesmo que você tenha apenas começado a conhecer esse maravilhoso Salvador, ou tenha andado com o Senhor por um longo tempo, o resultado desse glorioso encontro do ser humano com o divino é a adoração. Sua resposta à realidade da salvação é adoração. Sua resposta às promessas da sua Palavra é adoração. Sua resposta a sua grandeza é adorar.

Uma vez que você conhece, reconhece e entende o que a Palavra de Deus promete, seu desejo natural será de adorar a Deus, louvando-o por quem Ele é e por tudo o que faz. Agora, eu entendo que *toda* vez que falo ou escrevo, meu compromisso com a adoração é óbvio. Mas o todo da Palavra é um chamado para a adoração – a atração do ser humano para a devoção ao Criador. Essa é uma grande chave para a vida completa e favorecida.

O coração do louvor nos implora a trazer uma oferta do coração.

Eu tive uma linda surpresa quando entendi que uma das muitas diferenças entre adoração e música era que a adoração é *inclusiva, não exclusiva.* A música da adoração envolve todo homem, mulher e criança. O coração da adoração nos implora a trazer uma oferta do coração, levantando nossas vozes, e isso libera o que quer que tenhamos para dar. Isso permite que todos venham como estão e participem. Tem um aroma tão bom, tão puro, tão lindo!

Por outro lado, a música foi criada para carregar, capturar e comunicar a presença de Deus, mas através das gerações ela tem sido tirada das mãos das pessoas e entregue *exclusivamente* nas mãos dos extremamente dotados, habilidosos, bonitos, jovens e brilhantes – sem falar dos extremamente sortudos. Hoje, poucas pessoas têm a oportunidade de cantar e pessoalmente contribuir alegremente para a expressão musical existente no planeta.

Deus nos criou para desfrutar da comunhão com Ele. Criados e desenvolvidos com amor à sua semelhança, Ele nos chama de seus filhos. Nós somos sua família amada e herdeiros de toda a sua bondade e provisão. Essa verdade sozinha deveria nos encher de desejo de adorá-lo por seu grandioso e marcante amor, o qual Ele demonstra para com os seus.

Quando Deus enviou Moisés para libertar os filhos de Israel da opressão e da escravidão, mandou que dissesse a Faraó: "Assim diz o Senhor: Israel é o meu primeiro filho, e eu já lhe disse que deixe o meu filho ir *para prestar-me culto*" (Êx 4.22-23). Ele não disse: "Para que meu povo possa sair e trabalhar para mim". Ele queria que seus filhos fossem libertos para que pudessem passar tempo em sua presença e adorá-lo. Todo o empenho de Deus é a respeito de se conectar – sua ligação conosco e nossa ligação com Ele.

Ao nos expressarmos a Ele em adoração, obediência, louvor e ação de graças em adoração, a realidade da sua presença tira o nosso fôlego – incrivelmente gloriosa. Eu sei que é difícil entender ou compreender o grande amor de Deus para conosco. Porém quando o adoramos pelo pouco que entendemos, seu amor é tão presente que geralmente sinto a presença de exércitos de anjos reunidos em um coro de devoção à medida que a face de nosso Senhor brilha sobre nós.

Em adoração eu geralmente percebo que minhas preocupações do dia simplesmente desaparecem à luz da sua glória e de sua graça. Permita-se ser honesto perante Ele em adoração, e Ele *sempre* será fiel para responder.

Em adoração eu geralmente percebo que minhas preocupações do dia simplesmente desaparecem à luz da sua glória e de sua graça.

A presença de Deus é um ótimo nivelador. Imagine – estamos sem energia em nosso pior dia, cheios de argumentos e razões pelas quais não podemos fazer algo, mas através de uma escolha, um momento, nos tornamos conscientes novamente de sua maravilhosa presença em adoração. Amor divino, limitado apenas pela nossa percepção, não a dele.

O nono capítulo de Neemias registra as muitas obras de Deus que os filhos de Israel lembravam ao adorar ao Senhor. Eu o incentivo a ler o capítulo inteiro, mas o v. 6 começa assim: "Só tu és o Senhor. Fizeste os céus, e os mais altos céus, e tudo o que neles há, a terra e tudo o que nela existe, os mares e tudo o que neles existe. Tu deste vida a todos os seres, e os exércitos dos céus te adoram".

Em seu momento de adoração os israelitas deram graças por tudo o que entendiam a respeito de Deus e por todas as promessas que Ele havia cumprido através de sua aliança com Abraão. Eles lembraram que Ele enviou sinais milagrosos e maravilhas contra Faraó e dividiu o mar a sua frente para que pudessem escapar do exército egípcio. Eles lembraram que os guiou de dia com uma nuvem e de noite com uma coluna de fogo. Ele lhes deu leis de justiça e os alimentou com pão dos céus e água da pedra.

Mesmo quando eram infiéis, Deus era gracioso, compassivo, tardio em irar-se e abundante em amor. Ele se lembraram que Ele nunca os deixou, mesmo quando fizeram um ídolo para adorar e cometeram terríveis blasfêmias. Eles se lembraram de quão paciente Deus era com eles e como havia enviado profetas para os avisar e os guiar. Mas em sua grandiosa graça Ele nunca os exterminou ou abandonou, porque é um Deus misericordioso e gracioso.

Jesus disse: "No entanto, está chegando a hora, e de fato já chegou, em que os verdadeiros adoradores adorarão o Pai em espírito e em verdade. São estes os adoradores que o Pai procura. Deus é espírito, e é necessário que os seus adoradores o adorem em espírito e em verdade" (Jo 4.23-24). Não é difícil entender por que o Senhor quer que o adoremos em espírito e em verdade, porque o nosso espírito só será completo quando encontrado em íntimo relacionamento com Cristo e a verdade de Jesus reinar. Uma vez que conhecemos a verdade, somos literalmente libertos. Libertos para louvar; libertos para amar e sermos amados; libertos para viver! Adorar a Deus em verdade nos mantém cientes de seu maravilhoso amor por nós. Davi descreve majestosamente porque o Senhor é digno de nosso louvor:

> Aclamem o Senhor todos os habitantes da terra! Prestem culto ao Senhor com alegria; entrem na sua presença com cânticos alegres. Reconheçam que o Senhor é o nosso Deus. Ele nos fez e somos dele: somos o seu povo e rebanho do seu pastoreio. Entrem por suas portas com ações de graças, em seus átrios, com louvor; dêem-lhe graças e bendigam o seu nome. Pois o Senhor é bom e o seu amor leal é eterno; a sua fidelidade permanece por todas as gerações.
>
> Salmo 100.1-5

A adoração traz mudança e liberta o povo

Sempre foi através de momentos de adoração, cantando com amor e louvando meu Pai e meu Salvador, que Deus renovou meu coração. Meu homem interior reviveu por sua voz, e a realidade de minha vida não pertencer a mim mesma se tornou uma alegria – até mesmo um alívio. Eu estava tão ocupada trabalhando para Deus, precisando fazer algo para Ele – uma resposta típica de alguém com baixa auto-estima.

Mas Ele tem me lembrado continuamente naquela atmosfera de louvor que o que quer de mim em primeiro lugar é um coração agradecido. Com o passar do tempo, e através da construção de um relacionamento com Deus, minha mente tem sido renovada lentamente para entender que seu amor de preço inestimável é dado gratuitamente. O quanto mais compreendo isso, mais livre me torno para servir, obedecer e adorar meu Senhor.

Se pudéssemos enxergar o Reino sobrenatural ao louvarmos a Deus, eu acredito que seríamos surpreendidos pela grande mudança que acontece no mundo natural através dos nossos atos de adoração. A Palavra promete que Deus habita nos louvores do seu povo, e nele não há trevas (veja 1João 1.5). Isso significa que se um louvor genuíno está sendo declarado, então qualquer presença maligna tem que sair.

Após meus olhos espirituais serem abertos através da salvação, fiquei impressionada na primeira vez em que vi cristãos louvando a Deus juntos. Eu já tinha visto a igreja cantar junta antes, mas depois de ser salva, nunca mais ouvi música da mesma forma novamente. Eu entendi isso mais tarde, mas com meus primeiros anos louvando a Deus com outros cristãos, comecei a compreender e a valorizar a dinâmica da adoração congregacional. Existe um poder tremendo no fato de nos reunirmos e proclamarmos louvores em unidade – é indescritível.

Adorar a Deus confronta depósitos de egoísmo e impureza em nossos corações. O quanto mais encontramos a Deus, menos espaço fica para preocupações sobre nossas necessidades e imperfeições. Quanto menos preocupados conosco, mais conscientes ficamos da maravilhosa presença do Senhor. Eu estou sempre ciente do favor divino na adoração. Toda vez que decido levantar minhas mãos e declarar sua majestade, Ele vem ao meu encontro, e eu o encontro novamente.

A adoração amacia o coração

Assisti uma vez a um documentário que falava das crianças que estão sofrendo nos dias de hoje. Era primeiramente a respeito de filhos de pais divorciados e do ânimo e resistência que essas crianças desenvolveram vivendo esse tipo de problema em uma idade tão frágil. Esse programa em particular os denominava "os sem resposta", porque havia tantas coisas acontecendo, muito mais do que eles poderiam carregar, que seus coraçõezinhos haviam se tornado duros e sem resposta. Até a necessidade dessa geração de esportes radicais, experiências radicais – como se a vida precisasse ser vivida na beira do abismo para que o coração sentisse algo novamente! Interessante.

O amor é sempre um risco. Nossos corações humanos têm um limite em relação à dor logo antes que seu mecanismo de sobrevivência desenvolva uma dureza de coração. Infelizmente, essa dureza não previne simplesmente a dor de entrar; ela também cria complicações quando se trata de dar ou receber qualquer tipo de emoção sacrificial – incluindo o amor.

Ao assistir o documentário, o Espírito de Deus falou comigo sobre a constante necessidade de alcançar os jovens e estabelecer a canção de Deus firme em seus corações. Eu sei quão fácil é desenvolvermos um coração endurecido quando jovens, e também sei quão paciente nosso lindo Senhor é ao caminharmos com Ele ao desembaraçar e amaciar nossos corações novamente para que possamos nos abrir para receber seu amor.

Na adoração, os grandes muros de proteção que eu havia construído ao redor do meu coração foram removidos. Meu coração de pedra se torna um coração de carne. Que milagre!

Nós não adoramos para nos sentir bem; a adoração declara o poder do Reino de Deus em nossas vidas.

A adoração ensina nossos corações, tanto jovens como velhos, que há uma resposta para aliviar a dor. Existe outra forma de viver, correndo para o Pai e se prostrando perante Ele com adoração e louvor! "Vale a pena."

A adoração muda a atmosfera

O louvor e a adoração são ativos, não passivos. São uma decisão do coração, da mente e da disposição de entrar por suas portas na presença de Deus. Nós não adoramos para nos sentir bem; a adoração declara o poder do Reino de Deus em nossas vidas.

Isso é confirmado em 2Crônicas 5.12-14, quando todos os levitas que eram músicos ficaram ao lado do altar e tocaram pratos, harpas e liras enquanto 120 sacerdotes tocavam cornetas para acompanhá-los. Os que tocavam cornetas e os cantores cantavam "em uníssono, cantando a mesma voz", seu louvor e agradecimentos a Deus. Então uma nuvem encheu o templo do Senhor, de forma que os sacerdotes não podiam desempenhar o seu serviço, pois a glória do Senhor encheu o lugar. Essa é uma linda imagem do louvor acolhendo a presença de Deus.

Toda pessoa, não importando a sua personalidade, da reservada a explosiva, pode desfrutar do ato do louvor.

Começamos nossos cultos com louvor congregacional porque a Palavra nos diz que devemos entrar por suas portas com ações de graças e louvor (veja Salmo 100.4). A palavra *louvor* em hebraico é *tehillah*, e é um elogio; especificamente (concretamente) um hino. É derivado da palavra hebraica *halal*, que significa brilhar; daí, fazer uma apresentação, gabar-se; gritar; celebrar; também estultificar. (Que Palavra legal!)

Um chamado para adorar é uma oportunidade para se gabar de Deus, celebrá-lo, gritar por Ele e dar glória a Ele. Toda pessoa, não importando a sua personalidade, da reservada a explosiva, pode desfrutar do ato do louvor.

O louvor enche a casa de alegria. Louvor traz o domínio dos céus sobre a terra. Tiago 5.13 diz: "Há alguém que se sente feliz? Que ele cante louvores". Pessoas sem Deus precisam ouvir o louvor do povo de Deus. Louve em casa; louve em seu carro; faça disso um hábito para a vida inteira.

Isaías 14.12-15 relata a queda de Lúcifer. O descreve como a Estrela da Manhã e diz que ele queria ser mais alto que o Altíssimo. A atmosfera do céu é a adoração, e Lúcifer era o supervisor do louvor. O orgulho começou a fazer o seu estrago, e Lúcifer e seus amigos foram banidos eternamente da presença do Todo Poderoso.

Mas pense a respeito. Lúcifer, que era responsável pela atmosfera, também tentou dominar a atmosfera da terra, trazendo desespero e dor, reinando no medo direto do abismo do inferno. Não é de se estranhar que em Isaías esteja escrito: "Fará nascer a justiça e o louvor diante de todas as nações" (Is 61.11). É necessário; é necessário! A atmosfera que prevalece na terra assim como nos céus deve ser a do Reino de Deus. *Você deve tomar seu lugar, tomar seu lugar e ficar de pé declarando que nosso Deus é grande e digno de louvor!* É por isso que precisamos entender que recebemos essa missão e mandamento de sermos líderes na vida terrena hoje – não líderes de louvor, mas sermos líderes de adoradores!

A presença de Deus está aqui. Você sabia disso? Nós dizemos coisas como: "Vamos nos reunir em adoração, e vamos clamar, e então Deus virá". Bom, Deus veio, e ainda está aqui. Ele nos ama e está aqui quer você goste ou não. A presença de Deus está aqui. Nós agora somos nascidos do Espírito. Portanto aonde quer que formos, Deus vem conosco; você não pode escapar. O Salmo 139.7 diz: "Para onde poderia eu escapar do teu Espírito? Para onde poderia fugir da tua presença?". Este é Davi, maravilhado com a capacidade da existência divina. "Se eu subir aos céus, lá estás; se eu fizer a minha cama na sepultura, também lá estás. Se eu subir com as asas da alvorada e morar na extremidade do mar, mesmo ali a tua mão direita me guiará e me susterá" (Sl 139.8-10). Deus está aqui, mesmo quando você não está ciente disso. Deus está trabalhando por toda a terra hoje.

Nosso mundo precisa de Jesus e de alegria.

Deixe o louvor mudar a atmosfera da sua vida, sua casa, sua igreja. O louvor estabelece alegria entre o povo de Deus. A alegria pode ser a moeda emocional de cada cristão. Neemias 8.10 diz: "A alegria do Senhor é a nossa força".

Nosso mundo precisa de Jesus, e nosso mundo precisa de alegria. Nossas casas e igrejas deveriam estar cheias de alegria sem tamanho e de glória. Ao invés da luz de glória obscurecida do mundo, nós devemos demonstrar a alegria que só Jesus pode trazer – alegria contagiante, genuína, que muda a atmosfera.

Como citamos anteriormente: "Aclamem a Deus, povos da terra! Cantem louvores ao seu glorioso nome; Louvem-no gloriosamente! Digam a Deus: 'Quão temíveis são os teus feitos! Tão grande é o teu poder que os teus inimigos rastejam diante de ti! Toda a terra te adora e canta louvores a ti, canta louvores ao teu nome'. *Selah*" (Sl 66.1-4).

Pare e pense a respeito disso. A Palavra nos manda clamar a Deus por alegria, e toda a terra se prostrar perante Ele e cantar louvores.

Jesus foi levantado na terra em uma cruz para que pudesse atrair a humanidade para si. Ao louvarmos o seu nome e nos gabarmos de sua bondade para outros, mostramos a Cruz para os não-cristãos, onde Jesus pode ir ao encontro de suas necessidades também.

Temos que ser extravagantes em nosso amor por Deus. Eu não consigo deixar de expressar minha paixão pela adoração. Costumava me preocupar bastante com o que os outros iriam pensar a respeito do meu modo de liderar a adoração. Mas graças a Deus, sou mais comprometida com a verdade do que com o estilo.

Na adoração, nossas ansiedades são sobrenaturalmente trocadas pela provisão de Deus de saúde para nossos nervos e ossos (veja Provérbios 3.7-8).

Temos que ser extravagantes em adoração, porque o Pai é sempre extravagante em relação a nós. Ele deseja o nosso coração de adorador. Eu sinto muitas vezes que Deus está sorrindo ao nos achegarmos a Ele em adoração. Não existe nada mais doce que sentir o Espírito Santo cair sobre nós como chuva suave enquanto nossos corações dançam perante o Senhor.

Capítulo

9

Dedicado ao seu caminho

O Senhor firma os passos de um homem,
quando a conduta deste o agrada;
ainda que tropece, não cairá, pois o
Senhor o toma pela mão.
Salmo 37.23-24

Capítulo

9

DEDICADO AO SEU CAMINHO

O ontem se foi. O amanhã ainda não veio. Nós só temos o hoje. Vamos começar!

Madre Teresa

Andar com Jesus é o maior privilégio da minha vida – nunca sozinha, mas permanecendo nele e aprendendo a descansar na sombra de suas asas. Eu amo andar, me exercitar, ser lembrada da bondade de Deus enquanto ando pela redondeza, ao "dar uma volta"! Parte do nosso propósito é andar – no sentido natural e espiritual – nos comprometermos com o próximo passo, nos levando onde temos que ir.

Cantar músicas maravilhosas sobre o Senhor é fantástico, mas não é suficiente. A verdadeira adoração é um estilo de vida diário que honra a Deus. Viver para demonstrar seu caráter em relação aos outros se trata de dar outro passo em direção aos sonhos dados por Deus.

Jesus ensinou em Marcos 7.6-7: "Bem profetizou Isaías acerca de vocês, hipócritas; como está escrito: 'Este povo me honra com os lábios, mas o seu coração está longe de mim. Em vão me adoram; seus ensinamentos não passam de regras ensinadas por homens'". Salomão, o homem mais sábio que já viveu, disse: "Mas sei muito bem que as coisas serão melhores para os que temem a Deus, para os que mostram respeito diante dele" (Ec 8.12).

Cantar músicas maravilhosas sobre o Senhor é fantástico, mas não é suficiente. A verdadeira adoração é um estilo de vida diário que honra a Deus.

Quantas vezes você ouviu uma grande mensagem ou leu uma passagem maravilhosa e no momento pensou: "Isso é para mim; eu vou fazer mudanças", e daí não fez nada a respeito?

> Aquele que ouve a palavra, mas não a põe em prática, é semelhante a um homem que olha a sua face no espelho e, depois de olhar para si mesmo, sai e logo esquece a sua aparência. Mas o homem que observa atentamente a lei perfeita, que traz a liberdade, e persevera na prática dessa lei, não esquecendo do que ouviu mas praticando-o, será feliz naquilo que fizer.
>
> Tiago 1.23-25

Portanto, o primeiro lugar que Ele nos chama para fazer um trabalho é em nossos corações. Aí sim ofereceremos nossas vidas como "instrumentos de justiça" (Rm 6.13), para servir na Grande Comissão de compartilhar Jesus. Jesus disse ao Pai: "Amá-lo de todo o coração, de todo o entendimento e de todas as forças, e amar ao próximo como a si mesmo é mais importante do que todos os sacrifícios e ofertas" (Mc 12.33).

A Bíblia *A Mensagem* nos explica de maneira extraordinária o que Deus quer de nós:

> "Então aqui está o que quero que vocês façam, com a ajuda de Deus. Peguem a vida normal diária de vocês – vida no seu sono, sua alimentação, ida ao trabalho, e andando por aí – e a coloquem diante de Deus como oferta. Assumir o que Deus faz por vocês é a melhor coisa que podem fazer por Ele. Não se tornem tão conformados com sua cultura para que se encaixem sem nem pensar. Ao contrário, fixem sua atenção em Deus. Vocês serão transformados de dentro para fora. Reconheçam prontamente o que Ele quer de vocês, e rapidamente respondam a isso. Não como a cultura ao seu redor, sempre os rebaixando para o seu grau de imaturidade, Deus traz o melhor de dentro de você, desenvolve maturidade bem formada em vocês."
>
> Romanos 12.1-2

Temos que renovar nossas mentes para a forma de Deus pensar, ficando alertas à sua presença constante, ouvindo a sua voz e adorando-o com nossa obediência. Essa consciência vai mudar à maneira com que tratamos os nossos cônjuges, filhos, amigos e colegas de trabalho. A caminhada tem esse visual: passo a passo, andando fiel e corretamente em nossos próprios sapatos no assim chamado mundano, porque se o favor de Deus estivesse reservado apenas para aqueles momentos especiais, bom, seriam somente um apanhado de dias amontoados no curto espaço de uma vida. Uma consciência da presença de Deus nos faz agir com seu amor no mercado, no pátio da escola, aonde quer que estejamos.

Uma consciência da presença de Deus nos faz agir com seu amor no mercado, no pátio da escola, aonde quer que estejamos.

Provérbios 6.16-19 lista sete coisas que Deus detesta. Perceba como todas se relacionam com a forma como tratamos as pessoas ao nosso redor. Ele odeia olhos altivos, mentiras, mãos que derramam sangue inocente, planos perversos, objetivos maldosos, engano e aquele que provoca discórdia entre irmãos.

Pessoas genuinamente amorosas significam mais para Deus que qualquer sacrifício de adoração que pudéssemos oferecer a Ele. Tudo o que requer de nós é pratiquemos a justiça, amemos a fidelidade e andemos humildemente com Ele (Mq 6.8). Andar na nossa fé é simplesmente estar pronto para reagir com justiça, demonstrar bondade e estimar os outros da parte de Deus.

Deseje fortemente imitar a humildade de Cristo. A Palavra diz: “Aceitem humildemente a palavra implantada em vocês, a qual é poderosa para salvá-los” (Tg 1.21).

Muitas pessoas que vivem vidas extraordinárias são pessoas comuns que continuamente (numa base diária), humildemente fazem escolhas divinas de andar corretamente. Você sempre irá conhecer a vida de um homem humilde, ao ver a graça abundante sobre ele. O favor de Deus brilha sobre nós, contanto que vivamos pelo Espírito – guiados pelo Espírito, controlados e sensíveis a Ele (Gl 5.16-18).

Se estamos andando com Deus, o fruto do Espírito Santo deve ser evidente em nossos relacionamentos com os outros. Quando amor, alegria, paz, paciência, amabilidade, bondade, fidelidade, mansidão e domínio próprio emanam dos nossos corações, nos tornamos sacrifícios vivos para o Senhor. Responder às lutas com essas virtudes agrada ao Senhor.

> Se vivemos pelo Espírito, andemos também pelo Espírito. Não sejamos presunçosos, provocando uns aos outros e tendo inveja uns dos outros.
>
> Gálatas 5.25-26

O próprio Espírito Santo se oferece a nós como companheiro e guia. João 14.26 diz: "Mas o Conselheiro, o Espírito Santo, que o Pai enviará em meu nome, lhes ensinará todas as coisas e lhes fará lembrar tudo o que eu lhes disse".

Quanto mais conhecermos da Palavra,
mais o Espírito Santo pode usar a verdade
de Deus para nos guiar em nossa
jornada diária.

Quanto mais conhecermos da Palavra, mais o Espírito Santo pode usar a verdade de Deus para nos guiar em nossa jornada diária. Deus fez promessas poderosas para seu povo, se andasse com Ele:

> Se vocês seguirem os meus decretos e obedecerem aos meus mandamentos, e os colocarem em prática, eu lhes mandarei chuva na estação certa, e a terra dará a sua colheita e as árvores do campo darão o seu fruto. A debulha prosseguirá até a colheita das uvas, e a colheita das uvas prosseguirá até a época da plantação, e vocês comerão até ficarem satisfeitos e viverão em segurança em sua terra.
> Estabelecerei paz na terra, e vocês se deitarão, e ninguém os amedrontará. Farei desaparecer da terra os animais selvagens, e a espada não passará pela sua terra.
>
> Levítico 26.3-6

Obediência é uma decisão do coração

Nos tempos bíblicos, andar era uma das principais formas de transporte. Se você podia andar bem, viajava mais longe! Selah. Andar bem, viajar longe – soa bem para mim (e bem saudável ao mesmo tempo!). Como cristã recém convertida, pensava que obediência significava seguir as leis e regras da igreja, e era o que eu fazia – mais por minha vontade de agradar do que pelo anseio de abençoar o coração de Deus.

Na aliança do Antigo Testamento, desobedecer a lei significava ser apedrejado até a morte. Pessoas que não se submetiam à autoridade morriam! Obediência era provavelmente mais fácil naquela época, quando você pensa a respeito: "Vida, ou morte violenta? Ei, eu vou fazer o negócio da obediência!".

Mas na nova vida em Cristo, novamente, obediência é uma questão de coração. Não é uma decisão baseada em fatos; é uma decisão baseada em fé. Nós obedecemos ao Senhor porque confiamos nele, independentemente do que podemos ver. Aprendemos a não olhar através de nossos olhos naturais, mas ver os seus pedidos pelos olhos do Espírito.

Charles Swindoll disse: "A melhor prova de seu amor ao Senhor é a obediência – nada mais, nada menos, e nada diferente disso".

Obediência que continua até o fim é uma questão de direcionar nossa vontade para seguir a Deus. Lembre-se que o favor para essa caminhada requer persistência e força, não perfeição! Aleluia!

Quando Jesus reuniu seus discípulos, disse que o mundo o odiou e, conseqüentemente, iria odiá-los. Disse isso para que não ficassem desmotivados se fossem perseguidos por demonstrar o seu amor e a salvação a outros. Jesus disse que se alguém lhe der um tapa no lado esquerdo do rosto, ofereça a outra face. Perdoe seus inimigos e seja bom com aqueles que lhe perseguem (veja Mateus 5.38-47).

O quê? Esse tipo de obediência não é para o fraco de coração. Amor obediente requer o cuidado do amor de mãe junto com a determinação de um guerreiro. Nós precisamos entender como *adorar* e como *guerrear*, fortes no amor porque entendemos o quanto Ele nos ama.

Amor obediente requer o cuidado do amor de mãe junto com a determinação de um guerreiro.

Em nossa fraqueza, Ele nos mostra seu grande poder. Deus está em sua melhor forma quando estou na minha pior.

Duas mulheres serviram a Jesus

Cada cristão sabe bem a história de Marta e Maria narrada em Lucas 10.38-42, e como ambas queriam servir a Jesus. Marta servia a Jesus através do trabalho da carne; Maria servia a Ele através do trabalho do coração.

Quando Jesus e seus discípulos chegaram à vila, Marta serviu o que imaginou que Ele *precisasse*, mas estava muito ocupada para perguntar o que Ele *queria*, porque tomou a decisão de servi-lo baseada em fatos. Convidados inesperados precisavam de comida, ela pensou. Mas logo a ansiosa Marta, viciada em trabalho, precisava de ajuda. Portanto ela finalmente veio a Jesus e disse: "Senhor, não te importas que minha irmã tenha me deixado sozinha com o serviço? Dize-lhe que me ajude!" Respondeu o Senhor : "Marta! Marta! Você está preocupada e inquieta com muitas coisas; todavia apenas uma é necessária. Maria escolheu a boa parte, e esta não lhe será tirada" (Lc 10.40-42). Marta não sabia que se ela dedicasse todo o seu coração ao

Senhor, Ele poderia ter servido todos os convidados dela com pedaços de pão e ainda sobrado o suficiente para dias.

Maria, também desejosa de servi-lo, não *fez* nada *visível*, mas a necessidade em seu coração a levou aos pés do Senhor. Porém, seu ato de dedicada obediência tem sido ministrado para todas as gerações que viveram nos dois mil anos desde aquele dia.

Maria pode nunca ter entendido o tamanho do alcance de sua decisão de escolher seguir a Jesus ao custo de deixar suas tarefas de lado. A caminhada de Marta parecia trabalho, enquanto a caminhada de Maria, naquele momento, parecia devoção.

A recompensa do favor de Deus
em um coração totalmente devotado
a Ele vai além da imaginação.

A recompensa do favor de Deus em um coração totalmente devotado a Ele vai além da imaginação. Uma vez que você anda e vive no poder tangível de sua presença, nada chega sequer perto da satisfação que temos de viver nele.

Capítulo 10

Dedicado ao seu trabalho

"Você não precisa ter um diploma universitário para servir. Não precisa fazer o sujeito e o verbo concordarem para servir. Não precisa saber sobre Platão e Aristóteles para servir. Não precisa conhecer a teoria da relatividade de Einstein para servir. Você precisa simplesmente de um coração cheio de graça. Uma alma gerada pelo amor. E então você pode se tornar um servo."

Martin Luther King Jr.

Capítulo 10

Dedicado ao seu trabalho

Deus tem trabalho para cristãos em cada campo da vida. Todos nós somos partes do corpo de Cristo, e mesmo chamados para diferentes profissões e posições, somos todos comissionados da seguinte forma: "Vão pelo mundo todo e preguem o evangelho a todas as pessoas" (Mc 16.15).

Deus tem trabalho satisfatório para cientistas e matemáticos. Tem tarefas para músicos, poetas, arquitetos, escultores, pilotos, pintores e administradores. Atletas são chamados para o trabalho do Senhor da mesma forma que dançarinos, cirurgiões, enfermeiras, mães, pais, professores e personagens da mídia. De uma coisa temos certeza: Deus tem algo maravilhoso que gostaria de fazer através de cada um de nós para trazer esperança para a raça humana.

Nós somos os *agentes* da Palavra. Efésios 2.1-7 nos ensina que estávamos sem vida, mortos em nossas transgressões, e tínhamos o hábito de andar em nossos pecados, seguindo os passos do mundo. Mas pelo amor de Deus e sua rica misericórdia, Ele nos fez vivos em Cristo.

Boas obras não salvam, mas claramente somos "criação de Deus realizada em Cristo Jesus para fazermos boas obras, as quais Deus preparou antes para nós as praticarmos" (Ef 2.10). Eu acredito que amar a Deus com todo o nosso coração é receber fé através de sua Palavra, expressar amizade e relacionamento com Ele através da adoração, receber seu favor não merecido ao andarmos ao longo de nossa vida e cumprirmos o trabalho que fomos chamados a fazer, testemunhando seu íntimo e maravilhoso amor.

Deus tem algo maravilhoso que gostaria de fazer através de cada um de nós para trazer esperança a raça humana.

Todos nós temos um lugar no corpo de Cristo

Eu também creio que devemos oferecer nossos dons e talentos individuais como suporte ao corpo da igreja local para que possamos suprir necessidades de um conjunto que é maior do que nós mesmos. Deus nos fez necessitados uns dos outros. Ele disse que não era bom que o homem estivesse sozinho (veja Gênesis 2.18).

Tantas vezes ouço as pessoas dizendo: "Mas por que preciso ir à igreja? Deus pode me ensinar em casa. Pode me curar em casa. Pode suprir minhas necessidades onde quer que eu esteja". Isso é verdade, Ele pode, mas também nos incentiva a não deixar de nos reunirmos com os santos, exortando-nos uns aos outros, na mais santa fé.

Hebreus 10.24-25 diz: "E consideremos uns aos outros para nos incentivarmos ao amor e às boas obras. Não deixemos de reunir-nos como igreja, segundo o costume de alguns, mas procuremos encorajar-nos uns aos outros, ainda mais quando vocês vêem que se aproxima o Dia".

Se você está de fora sem realmente aproveitar a comunhão e experimentar a realidade da presença de Deus, se está simplesmente assistindo o que acontece com os outros, suas emoções podem facilmente balançar entre a dúvida e o desejo. É simples assistir as pessoas adorarem a Deus, se envolverem na casa de Deus e questionar a validade dessa experiência, imaginando se não são simplesmente "super emotivas". Mas uma vez que você se abandona para dar *todo* o seu coração e *todos* os seus pensamentos para o Senhor, descobre que não há vergonha em louvar, amar e servir na presença dos outros. É, na verdade, o contrário.

Em resposta, Jesus prometeu: "Quem, pois, me confessar diante dos homens, eu também o confessarei diante do meu pai que está nos céus" (Mt 10.32). Talvez seja esse o motivo pelo qual as barreiras são quebradas tão facilmente quando adoramos a Deus em uma só voz juntamente com os outros cristãos.

Às vezes, a presença de Deus é tão forte no louvor da congregação que eu mal posso ficar em pé. Depois de experimentar esse poder, nunca mais desejaremos voltar às vaidades da carne. Você sabe que nasceu para o propósito da adoração de Deus e para servi-lo como parte do corpo da congregação. Quando dividimos o trabalho do Senhor com os outros, percebemos que o seu jugo é realmente suave e o seu fardo é leve (veja Mateus 11.29-30).

Trabalhar debaixo da graça do seu favor é definitivamente como ser beijado pelo céu.

Usar seus dons naturais e talentos para servir ao Senhor, edificando os outros em sua fé, é mais maravilhoso do que eu poderia sequer tentar descrever. Permita que o Senhor seja evidente em sua vida, e você irá brilhar. Trabalhar debaixo da graça do seu favor é definitivamente como ser beijado pelo céu.

Dons são dados para servir aos outros

Jesus disse que se você quer ser o maior no Reino dos céus, deve servir a outros: "Sirvam aos seus senhores de boa vontade, como servindo ao Senhor e não aos homens, porque vocês sabem que o Senhor recompensará cada um pelo bem que praticar, seja escravo, seja livre" (Ef 6.7-8).

Servir à visão de outro homem é um daqueles poderosos princípios que não parecem tão corretos para a mente natural. Não faz sentido ver as pessoas sendo parabenizadas enquanto sua contribuição passa despercebida. Mas é incrível como Deus honra a pessoa que serve a outros de forma altruísta. Na verdade, eu diria que trabalhar com alegria, nas sombras, é provavelmente uma das experiências mais valiosas da vida.

Servir a visão de outro homem é um daqueles poderosos princípios que não parecem tão corretos para a mente natural.

Paulo escreveu a Timóteo sobre a necessidade de "buscar a justiça – toda virtude e bondade, uma vida correta, conformidade com a vontade de Deus em seus pensamentos, suas palavras e atos. Buscar fé, amor e a paz – que é harmonia e concordância com os outros – em comunhão com todos os cristãos, que buscam ao Senhor com um coração puro" (2Timóteo 2.22 – paráfrase da autora).

Todo ato que contribui para o corpo todo é valioso, e parte do plano de Deus. "De modo que nem o que planta nem o que rega são alguma coisa, mas unicamente Deus, que efetua o crescimento. O que planta e o que rega têm um só propósito, e cada um será recompensado de acordo com o seu próprio trabalho. Pois nós somos cooperadores de Deus; vocês são lavoura de Deus e edifício de Deus" (1Co 3.7-9). O mundo secular precisa ver o Reino, a igreja e a noiva de forma unida e forte, com uma mensagem intransigente de fé, esperança e amor.

A Palavra diz que "a natureza criada aguarda, com grande expectativa, que os filhos de Deus sejam revelados" (Rm 8.19). Quando os cristão entendem quem são em Cristo e operam os dons criativos que Deus colocou sobre eles, vêem um derramar sem precedentes do favor de Deus em suas vidas, trazendo uma colheita de almas para o Reino.

Unidade e concordância trazem o favor e o poder de Deus em nossas orações. "Para que Cristo habite no coração de vocês mediante a fé; e oro para que, estando arraigados e alicerçados em amor, vocês possam, juntamente com todos os santos, compreender a largura, o comprimento, a altura e a profundidade, e conhecer o amor de Cristo que excede todo conhecimento, para que vocês sejam cheios de toda a plenitude de Deus" (Ef 3.17-19).

Eu tenho visto repetidamente, pela experiência própria com o nosso grupo da igreja, cheio de pessoas que são comprometidas com o trabalho de Deus, que existe tamanho favor garantido para aqueles dispostos a pagar o preço da unidade – trabalho duro e sacrifício. Custa caro. Pode revelar todas as coisas que você não gosta a respeito de você mesmo. Requer uma quantia sobrenatural de altruísmo. Mas o fruto disso tudo é um incrível testemunho da graça e do favor do Rei.

Capítulo

11

MANTENHA SEU CAMINHO PURO

Pois tu, Senhor, abençoas o justo;
o teu favor o protege como um escudo.
SALMO 5.12

Capítulo 11

Mantenha seu caminho puro

A atriz Lili Tomlin fez a seguinte declaração em uma revista: "Eu sempre quis ser alguém, mas deveria ter sido mais específica". Eu amo isso. Seu senso de humor nos lembra de estabelecer objetivos claros bem cedo na vida – antes que gastemos muito tempo buscando as coisas erradas.

Antes de entregar meu coração a Deus, eu era movida pela busca do sucesso meramente pelas minhas mãos. Após aprender a confiar no favor de Deus, pude descansar, sabendo que o trabalho que Ele faz em mim irá me levar na direção certa. Eu ainda trabalho duro, buscando a excelência. Em alguns aspectos, confiar nele me inspira a fazer mais. Saber que Deus tem um plano para minha vida me faz continuar em um caminho reto em direção ao prêmio do seu chamado celestial (veja Filipenses 3.14). Jesus disse: "Pois onde estiver o seu tesouro, ali também estará o seu coração" (Lc 12.34).

O rei Davi fez a seguinte pergunta: "Como pode o jovem manter pura a sua conduta?". Essa é a resposta: "Vivendo de acordo com a tua palavra. Eu te busco de todo o coração; não permitas que eu me desvie dos teus mandamentos. Guardei no coração a tua palavra para não pecar contra ti" (Sl 119.9-11). O favor que Deus tem dado ao nosso grupo de louvor é como um tesouro para mim. Sua Palavra é um tesouro para mim, e oro para não pecar contra Ele.

Uma das tentações mais difíceis ao seguir a Palavra, e a mais perigosa contra o fluir do favor, é o nosso orgulho. Quando o favor de Deus está brilhando em nós, tende a nos colocar no holofote da atenção. A tentação de gostar demasiadamente da honra pode roubar a beleza do favor não merecido de Deus. Tão logo começamos a pensar em nós mesmos como "o presente de Deus para o mundo", começamos a sair da glória que Ele quer derramar sobre nós. Não podemos esquecer quem nos deu os dons e para que eles são, ou poderemos ser tentados a tomar crédito total por eles ou vendê-los muito barato.

A oração de Davi no Salmo 51.10-13 é um forte pedido para ser colocado perante Deus:

> Cria em mim um coração puro, ó Deus, e renova dentro de mim um espírito estável.
> Não me expulses da tua presença, nem tires de mim o teu Santo Espírito. Devolve-me a alegria da tua salvação e sustenta-me com um espírito pronto a obedecer. Então ensinarei os teus caminhos aos transgressores, para que os pecadores se voltem para ti.

O sucesso é um grande indicador de como o coração de uma pessoa realmente é.

O sucesso é um grande indicador de como o coração de uma pessoa realmente é. Os verdadeiros motivos geralmente são revelados quando a honra recai sobre alguém. Eu tenho ouvido tanto a respeito das dificuldades revelando a verdade ao nosso respeito, mas eu lhe digo que isso acontece com o sucesso também!

Fale, para que eu possa vê-lo... O metal de um sino é conhecido pelo seu som. Passarinhos revelam sua natureza através de sua música. Corujas não podem cantar o canto da cotovia, nem pode o rouxinol soar como a coruja. Vamos, pois, pesar e cuidar de nossas palavras, a fim de que nosso discurso não nos prove estrangeiros.
Sócrates

Salomão escreveu sobre o propósito da vida em Eclesiastes 12.13, dizendo: "Agora que já se ouviu tudo, aqui está a conclusão: Tema a Deus e obedeça aos seus mandamentos, porque isso é o essencial para o homem". Esse é o propósito inicial da sua criação, o objetivo da provisão de Deus, a raiz do caráter, o fundamento de toda a felicidade, o ajuste de todas as circunstâncias e condições não harmoniosas debaixo do sol. Que Palavra *maravilhosa*!

Meu coração não está à venda. Deus o reivindicou para ser totalmente seu. Meu propósito de vida é reverenciar e adorar ao Senhor, como é o propósito de cada pessoa na terra (mesmo que nem todos saibam disso).

Deus diz aquelas cinco Palavras para todos nós: "Você não está à venda". Nossos corações foram comprados por um alto preço, e não podem ser pechinchados. Sem acordos, contratos financeiros ou prazeres momentâneos. Nenhuma oferta terrena pode se comparar à comunhão que é dada àqueles que amam ao Senhor com todo o seu coração.

A Bíblia *A Mensagem* diz: "Não ame os caminhos do mundo. Não ame os bens do mundo. O amor ao mundo diminui o amor pelo pai. Praticamente tudo o que acontece no mundo – querendo as coisas do seu jeito, querendo todos para si mesmo, querendo parecer importante – não tem nada a ver com o Pai. Isso simplesmente isola você dele. O mundo e todos os seus desejos estão de passagem – mas aquele que fizer o que Deus quer está a caminho da eternidade" (1Jo 2.15-17).

Quanto vale a sua primogenitura?

Eu me lembrei da história de Esaú que, por causa da fome e porque tinha tido um dia difícil, vendeu sua primogenitura para seu irmão Jacó – por um prato de lentilhas! Esaú teve um problema temporário e preferiu solucioná-lo com um arrependimento permanente (veja Gênesis 25.29-39).

Às vezes, quando estamos em aperto, quando a pressão é demais para suportar, é mais fácil procurar soluções rápidas, uma saída, uma "válvula de escape". Mas, como diz o meu pastor: "Se uma oportunidade parece boa demais para ser verdade, provavelmente não é verdade!". Não venda sua primogenitura pelo equivalente a um prato de feijão.

Esaú teve um problema temporário e preferiu solucioná-lo com um arrependimento permanente.

O favor é encontrado na tenacidade; é revelado ao permanecer inabalável. "Mas se alguém obedece à sua palavra, nele verdadeiramente o amor de Deus está aperfeiçoado. Desta forma sabemos que estamos nele: aquele que afirma que permanece nele, deve andar como ele andou" (1Jo 2.5-6).

Na Primeira Carta a Timóteo, Paulo comunica a palavra de Deus à igreja, nos convocando a orar de toda forma que soubermos por todos que conhecemos. Devemos orar pelos governantes e governos para regerem corretamente, para que possamos viver vidas pacíficas e tranqüilas (veja 1Timóteo 2.1-2). A Bíblia *A Mensagem* diz:

> É dessa forma que nosso Salvador quer que vivamos. Ele não quer que somente nós, mas que todos sejam salvos. Você sabe, que todos conheçam a verdade que aprendemos: que há um só Deus e um só sacerdote

> mediador entre Deus e nós – Jesus, que ofereceu a si mesmo em troca por todos os cativos pelo pecado, para libertar a todos. Eventualmente a notícia vai se espalhar. Isso e somente isso tem sido o trabalho designado para mim: levar essa notícia àqueles que nunca ouviram de Deus, e explicar como isso funciona pela simples fé e pura verdade.
>
> 1Timóteo 2.3-4

Sirva somente a Deus

"Ninguém pode servir a dois senhores; pois odiará a um e amará a outro, ou se dedicará a um e desprezará a outro. Vocês não podem servir a Deus e ao dinheiro" (Mt 6.24). É triste ver pessoas incrivelmente talentosas se vendendo por pouco, querendo fazer acordos – *sua parte* na ação! Eles nunca recebem tudo o que poderiam no presente, porque estão sempre à procura da próxima oportunidade. São fiéis se existe lucro para eles, buscando um caminho em outro lugar, sem saber que o que realmente procuram está no Criador, não na criação.

Logo que começamos a achar que nosso talento é gerado por nós mesmos e não um dom de Deus, perdemos de vista o trabalhar da graça que Deus derramou sobre nós. Eu acredito que todos podemos lutar contra o nosso *orgulho* em diferentes dimensões. Essa pequena palavra de sete letras, por mais que ninguém queira falar a respeito, irá destruí-lo se permitir que controle sua vida. Mas quando se torna a condição primária do seu coração, é aí que ela rouba, e a vida que sonhou viver nunca poderá ser tudo o que deseja que seja.

Como você pode dizer se o orgulho se estabeleceu na sua vida? Primeiro, você se *ofende com facilidade*. Julga as coisas pela natureza e a lógica que está a sua volta. Ficar ofendido é fácil, mas é sempre uma escolha! Geralmente é porque não entende a soberania do tempo e da mão de Deus em seu mundo. Se você conhece a Deus, confia nele e sabe que tem a sua vida não somente na palma de sua mão, mas também no centro de seu coração, então não importa o que aconteça você irá permanecer forte e não irá se ofender. Você vai sacudir a poeira e aprender a continuar.

Nos últimos cem anos muitas pessoas no ministério caíram ou simplesmente foram embora por causa do orgulho que estava enraizado na ofensa. Às vezes, apenas uma ofensa realmente roubou o futuro delas.

Nós lemos no Livro de Salmos: "Quem poderá subir o monte do SENHOR? Quem poderá entrar no seu Santo Lugar?" (Sl 24.3). Quem? "Aquele que tem as mãos limpas e o coração puro" (v. 4). Se o limpo de mãos já esteve sujo, Jesus o vê como limpo através do poder da Cruz. E com um coração puro. Não deixe o seu coração ser sobrecarregado e pesado, porque acabará sendo uma fortaleza que vai amarrá-lo e prendê-lo ao passado.

Outra forma de dizer se o orgulho se estabeleceu em sua vida é através do *egocentrismo* – ele nunca permite que você veja o todo. Inúmeras vezes a Palavra diz exatamente o seguinte: "levante a sua cabeça" ou "levante os seus olhos". Isso requer atitude – obediência e submissão da sua vontade. Levantar os seus olhos tira o foco de você mesmo e o coloca na fidelidade de Deus – seu plano, seu propósito, seu tempo.

Se o orgulho se estabeleceu em você, vai começar a *lutar por seus direitos* – lutar por seu lugar, sua posição, sua proeminência. Os discípulos eram espirituosos e tinham fortes opiniões, e alguns deles eram bastante orgulhosos. O que Jesus fazia sempre que começavam a brigar por seus direitos? Ele saía. Não admitia tal coisa perto dele.

O Salmo 90.8 diz que nossos pecados secretos têm que ser trazidos à luz na presença de Deus. Você pode dizer que o orgulho se estabeleceu em você se existem muitos *segredos* ligados à sua vida. As pessoas acham que o segredo cria mistério e reverência. O mistério não é criado assim. O mistério é criado através das maravilhas; mistério é criado quando o seu ser é ligado na fonte do Criador dos céus e da terra. Existe algo a respeito das maravilhas e de se manter na luz da sua presença que traz o mistério para o seu mundo. Sigilo apenas cria confusão.

Se o orgulho se estabeleceu, você começa a se *isolar* – se afasta. Isso pode acontecer por diversas razões. Você pode se sentir inadequado; geralmente por se sentir incompreendido ou decepcionado. A decepção é difícil para qualquer pessoa. Mas você precisa entregá-la a Deus ou se transformará em uma raiz de amargura. Pouco a pouco você vai se afastar, ficar cada vez menos disponível, se desligar de amizades, até que, de repente, alguém está com os braços estendidos para você e a sua mão está no bolso, se recusando a sair. Isolamento. "Aquele que anda com os sábios será cada vez mais sábio" (Pv 13.20).

Outro sinal de orgulho é a *necessidade de ser servido* ao invés de servir. Existe um toque de clarim – um apelo urgente – que tem ressoado ao redor do mundo nos últimos anos, e pessoas de todas as raças, idades, talentos e dons estão começando a vir e tomar seu lugar no Reino. Mas dá tudo errado quando existe a necessidade de ser servido ao invés de servir. O que vai diferenciá-lo é a sua disposição para chegar lado a lado, sua disposição de compartilhar, de servir, de dar a sua vida para que outros a encontrem.

Você pode impedir que o orgulho controle a sua vida. Viver sem orgulho significa compreender o poder de dizer: "Eu confio em ti, Senhor, mesmo sem entender".

1. *Esteja vestido de humildade*
Humildade é estar livre do orgulho e da arrogância. É uma estimativa modesta do valor de si mesmo. É uma noção do desmerecimento devido à imperfeição e ao pecado. Mas *não* é pensar a respeito de si mesmo como sendo menor que um verme, porque se vamos liderar pessoas, temos que estar à frente. Liderar tem tudo a ver com levar as pessoas pela mão e direcioná-las para Jesus – não exibir as nossas próprias maravilhas!

Geralmente o plano de Deus nos faz enfrentar machucados e atitudes que não queremos enfrentar.

Geralmente o plano de Deus nos faz enfrentar machucados e atitudes que não queremos enfrentar. Recusar a lidar com os problemas não vai nos livrar da raiz dos problemas em nossas vidas. É um pouco como a teoria do avestruz: enfie a sua cabeça na areia e simplesmente ore e espere que o problema se resolva! Isso só nos trará alívio temporário, enquanto o centro de nossos problemas continua intacto. O caminho que leva à cura e à maturidade espiritual é o caminho da humildade. O orgulho não anda nesse caminho. Ele só pode ser usado por aqueles que desejam a paz, não importa o preço. É o caminho que conduz à vida: "Bem-aventurados os pacificadores, pois serão chamados filhos de Deus" (Mt 5.9).

2. *Abra mão*

Ou você acredita em Deus ou não acredita. E essa é a jornada da Salvação na qual todos viajamos e aonde vamos crescer. Crescemos ao entender a sua fidelidade. Eu tenho visto a fidelidade de Deus em minha vida tantas vezes, que seria tola de achar que Ele não pode fazer o que prometeu. Meu propósito é dizer sim à voz de Deus.

Para apreciar a bênção de Deus, tudo o que precisamos fazer é aceitar seu convite, dizendo: "Sim, eu vou segui-lo onde quer que o Senhor decida me levar. Virei à sua ceia. Deixarei a sua glória brilhar através da minha vida. *Eu te amo, Senhor, mais que a vida*". Nenhum talento especial é necessário para ser parte da sua celebração.

Não é que Deus não possa usar pessoas incrivelmente talentosas, mas Jesus disse: "'De fato, é mais fácil passar um camelo pelo fundo de uma agulha do que um rico entrar no Reino de Deus'. Os que ouviram isso perguntaram: 'Então quem pode ser salvo?'. Jesus respondeu: 'O que é impossível para os homens é possível para Deus'" (Lc 18.25-27).

Tiago 4.4-6 explica: "Adúlteros, vocês não sabem que a amizade com o mundo é inimizade com Deus? Quem quer ser amigo do mundo faz-se inimigo de Deus. Ou vocês acham que é sem razão que a Escritura diz que o Espírito que Ele fez habitar em nós tem fortes ciúmes? Mas Ele nos concede graça maior. Por isso, diz a Escritura: 'Deus se opõe aos orgulhosos, mas concede graça aos humildes'". O orgulho tem uma forma similar de frustrar o potencial, como tentar acender fogo com madeira molhada.

Por anos tive dificuldades com a noção do "chamado de Deus" em minha vida. Eu não tinha revelação nenhuma a respeito de viver na retidão de Cristo. Como esposa e mãe, como iria fazer bem tudo o que sentia que tinha que fazer? Eu também era bastante teimosa, querendo fazer tudo sozinha. Sim, eu sei que você ouve o nome *Marta*! (Eu quero *tanto* ser como Maria!)

Um dia, a sensação de estar sobrecarregada se tornou muito pesada para mim. Eu estava cansada – tentando fazer tudo com minhas próprias forças – e não podia ver formas de dar mais de mim para o meu sonho divino. Ao mesmo tempo me sentia muito longe da esperança de cumprir qualquer atividade de real propósito no Reino de Deus. Simplesmente não havia o suficiente de mim para que tudo que estava no meu coração fosse feito. Soa familiar?

Bom, mas Deus, que conhece o meu coração, conhece meus erros, conhece as coisas que fiz de errado, também conhece o meu potencial. Ele veio e me resgatou novamente, bem quando eu estava prestes a desistir e largar tudo.

Eu tinha acabado de levar minhas meninas para a pré-escola, entrei em uma lanchonete, sentei e comecei a chorar. A vida estava como uma bola de neve de uma forma que eu não conseguia mais controlar. Eu só queria servir a Jesus, e realmente não estava preparada para muitas das demandas que vieram com minha nova responsabilidade de ser a pastora responsável pelo louvor.

Eu temi que o chamado da minha vida fosse me deixar louca. Queria largar, mas não podia. Então eu argumentei: "Não é minha escolha, Senhor. Eu quero servi-lo, mas você tem que levar este chamado daqui porque está me matando. Estou tentando amar minha família, minha igreja, meu trabalho; estou tentando, mas estou falhando". Eu pedi a Deus que tirasse de mim o desejo apaixonado que tinha em meu coração de servi-lo.

As pessoas que trabalhavam na lanchonete me conheciam bem, e eu tenho certeza que naquele momento elas pensaram que eu "estava fora de mim". De repente, alguém bateu no vidro ao meu lado. Eu olhei e vi uma querida amiga minha, Melinda Hope, que não via há anos. Ela tinha vindo a nossa escola de liderança, e bem, nos apaixonamos por ela e basicamente a adotamos como nossa. Ela havia se casado recentemente e mudado para a Tasmânia (a pequena ilha que todos esquecem que faz parte da Austrália).

Eu estava bastante feliz de ver Melinda. Enquanto ela corria em direção à porta de lanchonete, senti a empolgação me levantar enquanto perguntava: "O que você está fazendo aqui?".

Ela disse: "Nós realmente sentimos Deus falar conosco a respeito de nos mudarmos para Sydney". O Matt (marido dela) tinha duas entrevistas de emprego marcadas.

"Será que podemos nos encontrar mais tarde para contar como foi?"

"Sim, claro!", eu respondi.

Eles vieram a nossa casa naquela tarde e nos contaram que Matt tinha recebido propostas de dois empregos para os quais se inscreveu, e podia escolher o que quisesse. Então, Mark disse a Melinda: "Nós realmente precisamos de ajuda em nossa casa. Precisamos de ajuda para buscar as meninas no colégio, na limpeza e no preparo de algumas refeições. A Darlene precisa urgentemente de um par de mãos extra".

Melinda começou a chorar e a sorrir (que é um tipo bom de choro!) e disse: "É tudo que eu sempre quis fazer". Seu coração estava assim, sem *orgulho*, disposta a abençoar qualquer pessoa em seu caminho.

Deus é tão fiel. Naquele dia eu aprendi que quando estou esgotada, Ele é fiel com o seu propósito. E na jornada, outros encontram um meio de cumprir seu propósito também. Não havia uma grande quantia de dinheiro para pagar Melinda, mesmo assim ela escolheu nos abençoar.

Eu precisava de um anjo para me ajudar com minhas filhas, porque elas são mais preciosas do que qualquer coisa no mundo para mim. Não dá para confiar o seu bem estar a qualquer pessoa que eu conheça pelo telefone! Eu sou a administradora de suas vidas, e Deus sabia como eu precisava de alguém com um excelente coração, como Melinda, para me ajudar.

Mas aqui está o poder do favor. Enquanto Deus ia ao encontro de nossas necessidades imediatas, Ele também estava trabalhando nas vidas de Mel e de Matt. Eu vi Deus pegando aquelas duas pessoas lindas e plantando-as em Sydney. (E é claro, eu geralmente sinto que Ele os mandou *só para mim*).

Tenho visto a forma como eles têm sido fiéis e colocado tudo aos pés do Senhor. Eu os vejo sendo obedientes em tempo e fora de tempo – quando é favorável e quando não é. Eu os amo tanto. Tenho visto o favor de Deus abençoando suas vidas, fazendo simplesmente o que tiver de ser feito.

Matt agora é dono de seu próprio negócio, e a bênção de Deus sobre eles é incrível. Eles agora têm dois meninos, e suas vidas têm ido de força em força. E tudo isso começou com a sua disposição de serem servos.

Teria sido naturalmente impossível imaginar Matt e Melinda indo de onde estavam para onde estão agora. Eles plantaram humildemente na visão e na vida de outra pessoa e usaram seus talentos naturais para lançá-la no ministério. Eles provaram que a fé deles é grande o suficiente para dizer: "O que for necessário para buscar o Reino de Deus em primeiro lugar nós faremos". E agora todas as coisas foram acrescentadas a eles. Melinda é a prova viva de que Deus recompensa aqueles que o buscam de todo o coração.

Melinda e Matt uniram seus propósitos com os nossos. Unidade demanda uma resposta dos céus. Eu acredito que seja por isso que a presença de Deus é derramada de forma tão magnífica sobre um corpo de pessoas que escolhe trabalhar junto por um objetivo em comum. Harmonia e concordância não são os estados naturais do mundo de hoje.

3. *Seja parte de um time, igreja, comunidade*
Uma comunidade completa e funcional de cristãos cobre uns aos outros, compensa as fraquezas e ajuda seus integrantes a brilhar. Quando entendemos o propósito de Deus de trabalharmos juntos, então ser parte de um time corporativo de cristãos e adoradores se torna um lugar muito saudável e poderoso para se estar.

O time Hillsong desfruta de uma grande unidade; nós nos fortalecemos uns aos outros quando nos reunimos. Essa é uma das razões pelas quais acredito que a *Hillsong Music* tem provocado tanto impacto. Não é simplesmente um grupo de pessoas que decidiu fazer música juntos; é composto de um monte de gente comum que escolhe dizer sim continuamente a qualquer necessidade que se apresenta. "Um homem sozinho pode ser vencido, mas dois conseguem defender-se. Um cordão de três dobras não se rompe com facilidade" (Ec 4.12).

A Palavra de Deus diz: "Nele fomos também escolhidos, tendo sido predestinados conforme o plano daquele que faz todas as coisas segundo o propósito da sua vontade, a fim de que nós, os que primeiro esperamos em Cristo, sejamos para o louvor da sua glória" (Ef 1.11,12).

Em 2Tessalonicenses 1.11-12 está escrito: "Conscientes disso, oramos constantemente por vocês, para que o nosso Deus os faça dignos da vocação e, com poder, cumpra todo bom propósito e toda obra que procede da fé. Assim o nome de nosso Senhor Jesus será glorificado em vocês, e vocês nele, segundo a graça de nosso Deus e do Senhor Jesus Cristo".

Houve diversos momentos em que questionei a possibilidade de meus próprios sonhos se tornarem realidade.

Mas Deus me disse claramente um dia: "Esclareça suas dúvidas de uma vez por todas: casamento, maternidade e ministério. Eu os dei todos a você". Com essas Palavras Ele soprou vida em meu chamado. Uma vez que soube que o desejo do meu coração realmente o agradava, não lutei mais com a culpa e a condenação, que tentam estrangular *tantas* mulheres que trabalham na sociedade de hoje. Saber que tenho o favor de Deus me impele a fazer qualquer coisa que meu coração tenha paixão de fazer. Sua promessa está em meu espírito e me segura no lugar onde devo estar.

Às vezes, Satanás tenta roubar minha paixão, me acusando de não ser merecedora. Outras vezes ele caçoa de mim enquanto espero em Deus por algo, insultando: "Você obedece a Deus, e Ele decepcionou você". Mas eu testemunho aqui que Deus nunca me decepcionou, e não vai decepcioná-lo também. Ele é fiel para manter suas promessas. Também é bom em esticar sua fé até a última hora. É fiel para cumprir em nós o propósito de seu chamado.

Eu sou completa porque estou andando com Deus, em sua força, não na minha. Quando sou obediente a sua liderança, o poder do seu favor brilha em minha vida e torna fácil o que de outra forma seria muito difícil de fazer.

Eu aprendi a confiar completamente no propósito de Deus que opera em minha vida – confio em seu plano mais que no meu. Mantenho minha mente cheia da sua Palavra e meu coração cheio de louvor. E eu oro essa oração radical: "Senhor, não importa o que seja necessário, quero servi-lo com todo o meu coração. Trabalhe em mim para que o seu propósito perfeito aconteça através da minha vida".

Dê espaço para que Deus sopre em seu sonho.

Eu acredito que o favor de Deus brilha em nós quando a paixão irradia através de nossas vidas na busca do seu propósito. Dê espaço para que Ele sopre em seu sonho. Ouse perguntar se a sua paixão é voltada para Ele ou não. Se Ele confirmar com sua Palavra, deixe sua dúvida de lado e assista seu favor realizar.

O que você considera impossível é provavelmente apenas a ponta do *iceberg* daquilo que Deus quer fazer através de você. Ele vai lhe dar forças para realizar seu sonho. Eu desafio você a levantar a bandeira de uma determinada paixão que diz: "Não importa o que seja necessário, eu vou seguir ao Senhor".

Paixão é a diferença

Quando Madre Tereza foi questionada sobre que tipo de pessoa poderia lidar com um problema tão grande como a pobreza, ela respondeu: "Nunca é uma pessoa que quer salvar o mundo. Elas sempre se desanimam. Mas me dê uma pessoa contemplativa. Entregue-me alguém que tem um *coração profundo para com Deus*, e um dia após o outro, ela irá servir".

Capítulo

12

Como estrelas no Universo

"Todo homem morre, mas nem todo homem realmente vive..."
William Wallace, *Coração Valente*

Capítulo

12

Como estrelas no Universo

Não existe nada que nos complete mais do que saber o propósito de Deus para a nossa vida e dar frutos através da unção dele em nosso trabalho. Uma vez que Deus o toca com seu poder, essa linha de incerteza a respeito do seu chamado não é mais uma questão.

É minha oração que o testemunho deste livro seja uma lembrança do maravilhoso favor de Deus, sua bênção, seu poder, seu sorriso, sua unção – uma realidade incrível de se viver ao amá-lo com todo o seu coração. Seu favor é o poder de fazer seus esforços para servir serem frutíferos. Seu favor faz com que seu empenho brilhe perante a terra, e então cumpra o chamado que Jesus colocou perante você, dizendo: "Assim brilhe a luz de vocês diante dos homens, para que vejam as suas boas obras e glorifiquem ao Pai de vocês, que está nos céus" (Mt 5.16).

A palavra *esperança* é significativa para o clima espiritual da terra, que é considerado sem *esperança* para muitos. A sua vida representa esperança? Esperança em um Deus que não muda... Esperança na sua Palavra e em seu nome? Esperança sugere que existe um futuro, uma outra chance, uma mão para ajudá-lo a se levantar, força para um novo dia...

Esperança vai além dos limites naturais, e permite que você veja a terra das possibilidades. Você percebe porque o inimigo adoraria roubar sua visão de *esperança* e fazer com que a desesperança invalide a sua atual circunstância? Não dê a ele esse privilégio. Continue! Hebreus 6.19 diz: "Temos esta esperança como âncora da alma, firme e segura".

Em minha semente do sonho de Deus está o desejo de juntar e abraçar pessoas de qualquer lugar e as encorajar a confiar suas vidas ao Rei e a ter esperança no nome do Senhor. O mundo está tão cheio de pessoas sem esperança, acordando com medo e indo dormir mais assustadas do que no dia anterior. Porém, o povo de Deus vive a paz que excede todo entendimento natural ou habilidade (veja Filipenses 4.7).

> Levanta-te, resplandece, porque vem a tua luz, e a glória do Senhor vai nascendo sobre ti. Porque eis que as trevas cobriram a terra, e a escuridão os povos; mas sobre ti o Senhor virá surgindo, e a sua glória se verá sobre ti.
>
> Isaías 60.1-2 – RC

A Palavra nos ensina que devemos seguir o exemplo de Cristo (veja Filipenses 2.5). Ele viveu uma caminhada de completa obediência. Despojou-se de todo privilégio divino que lhe era disponível por sua igualdade com Deus e se submeteu como servo da humanidade. Agora que nós, a igreja, somos seu corpo, também devemos nos submeter uns aos outros em obediência ao propósito maior de Deus de revelar o seu amor às pessoas perdidas, não somente *no* mundo, mas no *nosso* mundo.

Precisamos render nossos corações à tarefa de fortalecer aqueles que são fracos para cumprir o propósito maior que Deus planejou para esse momento incrível da história. Filipenses 2.12-16 nos convoca a rendermos ao Senhor, dizendo:

> Assim, meus amados, como sempre vocês obedeceram, não apenas na minha presença, porém muito mais agora na minha ausência, ponham em ação a salvação de vocês com temor e tremor, pois é Deus quem efetua em vocês tanto o querer quanto o realizar, de acordo com a graça dele. Façam tudo sem queixas nem discussões, para que venham a tornar-se puros e irrepreensíveis, filhos de Deus inculpáveis no meio de um geração corrompida e depravada, na qual vocês brilham como estrelas no universo, retendo firmemente a Palavra da vida. Assim, no dia de Cristo eu me orgulharei de não ter corrido nem me esforçado inutilmente.

Eu absolutamente *amo* essa imagem – de que *devemos brilhar* não em nossa glória, mas através de entregar a Palavra da vida! *Lindo*.

O v. 13 dessa passagem na *Versão Amplificada* da Bíblia diz: “[Não em nossa própria força] porque é Deus quem está efetivamente trabalhando em vocês o tempo todo – energizando e criando em vocês a força e o desejo – efetuando o querer e o realizar, para o seu prazer, satisfação e deleite". Deus promete fazer o trabalho em nós e através de nós. Tudo o que precisamos fazer é submeter nosso desejo ao dele, adorá-lo em verdade pelo que Ele é, e andar com um propósito em direção àquilo que predestinou para que fizéssemos.

Em nossa sociedade atual, as pessoas estão tão acostumadas à gratificação imediata que esperar pelo tempo certo de Deus requer grande força e caráter. *Paciência* infelizmente se tornou uma palavra pouquíssimo popular na cultura instantânea de hoje. Mas Deus é um *construtor* de vidas, e os melhores prédios – os que continuam – tomam tempo. As fundações têm que ser fortes e certeiras para suportar as mudanças climáticas que o tempo e a vida nos trazem em nossa jornada.

Deus pega pessoas comuns e faz com que floresçam e se tornem significativas. Geralmente parece mais fácil tentar fazer boas obras através da nossa própria carne e força para fazer nossos sonhos se realizarem mais rapidamente. Mas a Bíblia está cheia de histórias trágicas de pessoas que sabiam que tinham um sonho de Deus, mas praticamente sabotaram o plano porque não estavam dispostas a esperar nele. Sara sabia que Deus havia dito que ela teria um filho, mas na pressa de "ajudar a Deus", mandou sua serva a Abraão para gerar um filho para ela (veja Gênesis 16.1-6).

Rebeca sabia que Jacó iria receber os direitos da primogenitura de seu irmão, mas ao invés de deixar Deus resolver a questão, tramou uma mentira para apressar o processo e sofreu muitos anos enquanto seu querido Jacó estava exilado (Gn 27.5-29; 41-45). Sempre que os filhos de Deus tentaram tornar a vontade de seu coração uma realidade por suas próprias forças, pagaram um alto preço que afetou as gerações seguintes.

Nós nunca fomos chamados a viver essa vida sobrenatural por meios naturais. Fomos criados para vivê-la no poder do Espírito Santo. Fomos feitos para depender totalmente de Deus para alcançar sua sonhada semente. "Não por força nem por violência, mas pelo meu Espírito, diz o Senhor dos Exércitos" (Zc 4.6).

Muitos cristãos hesitam em render sua vontade a Deus porque vêem apenas o preço de morrer para si mesmos ao invés da grande recompensa que os aguarda se fizerem o que Deus manda fazer. Morrer para si mesmo *dói*!

Deus pode estar pedindo que você faça alguma coisa simples no começo, como dispor seu tempo em algo que o distancia de planos mais interessantes. Ele pode pedir que você abra mão de coisas que significam muito para você. Pode até pedir que perdoe alguém que não acredita poder perdoar. O que quer que Ele queira de você, a obediência sempre traz a melhor recompensa. Ele não irá lhe designar o grande sonho até que você se prove fiel nas coisas pequenas.

Rápida obediência faz com que nossos rostos radiem paz. Se confiarmos em Deus, nos submetendo e nos rendendo a sua autoridade, veremos nossos sonhos se tornarem realidade muito mais rápido.

É fácil se submeter a uma pessoa se concordamos com ela, mas nesse caso não é realmente submissão. Abraão submeteu sua vontade à do Senhor. Deus disse a ele: "Esteja certo de que o abençoarei e farei seus descendentes tão numerosos como as estrelas do céu e como a areia das praias do mar. Sua descendência conquistará as cidades dos que lhe forem inimigos e, por meio dela, todos os povos da terra serão abençoados, porque você me obedeceu" (Gn 22.17-18). Todas as nações da terra são *abençoadas* porque um homem se rendeu a Deus. Deus não disse que era por seu talento ou habilidades, mas a bênção veio a todos pela *obediência*.

Um coração submisso libera o favor redentor de Deus em nossas situações e na vida dos outros. Deus nos dá até mesmo força, disposição e desejo de obedecer sua Palavra. Ele faz a obediência fácil para aqueles que submetem suas vontades à vontade dele. Quando decidimos obedecer, Deus trabalha em nós para o seu próprio prazer, satisfação e deleite.

> Por isso, tenham o cuidado de fazer tudo como o Senhor, o seu Deus, lhes ordenou; não se desviem, nem para a direita nem para a esquerda. Andem sempre pelo caminho que o Senhor, o seu Deus, lhes ordenou, para que tenham vida, tudo lhes vá bem e os seus dias se prolonguem na terra da qual tomarão posse.
>
> Deuteronômio 5.32-33

Se andarmos em obediência ao que Deus nos diz, iremos prosperar e viver vidas longas e satisfatórias. Se decidimos ficar parados quando o ouvimos chamar, talvez devêssemos rever nossa lista de razões pelas quais o chamamos de Senhor.

Nós reverenciamos ao Senhor (o tememos) pelo que Ele é: é o nosso amigo, nosso Consolador e nossa companhia sempre presente. Também é o Criador do Universo, o

Alfa e o Ômega, o começo e o fim, o primeiro e o último. É o auto da salvação eterna, é quem nos cura, é nosso provedor. É a luz do nosso mundo, a estrela da manhã, o Messias, nosso Salvador. Ele não pode ser descrito pela Língua Portuguesa ou na esfera da criação. Ele é o Senhor.

Se andarmos em obediência ao que Deus nos diz, iremos prosperar e viver vidas longas e satisfatórias.

Malaquias 3.16-18 diz:

> Depois, aqueles que temiam o Senhor conversaram uns com os outros, e o Senhor os ouviu com atenção. Foi escrito um livro como memorial na sua presença acerca dos que temiam o Senhor e honravam o seu nome. "No dia em que eu agir", diz o Senhor dos Exércitos, "eles serão o meu tesouro pessoal. Eu terei compaixão deles como um pai tem compaixão do filho que lhe obedece. Então vocês verão novamente a diferença entre o justo e o ímpio, entre os que servem a Deus e os que não servem".

Sejam sal e luz!

Nós, filhos de Deus, somos chamados para ser sal e luz na terra por oferecermos a palavra da vida para todas as pessoas que vivem na escuridão da desesperança do mundo (veja Filipenses 2.15-16). Alguns cristãos têm medo de perder seus amigos se falarem e testemunharem sobre o trabalho de Deus em suas vidas. Mas irão perdê-los para a eternidade se não demonstrarem o amor de Deus por eles agora. Jesus disse:

> Bem-aventurados serão vocês quando, por minha causa, os insultarem, os perseguirem e levantarem todo tipo de calúnia contra vocês. Alegrem-se e regozijem-se, porque grande é a sua recompensa nos céus, pois da mesma forma perseguiram os profetas que vieram antes de vocês.
> Vocês são o sal da terra. Mas se o sal perder o seu sabor, como restaurá-lo? Não servirá para nada, exceto para ser jogado fora e pisado pelos homens.
> Vocês são a luz do mundo, não se pode esconder uma cidade construída sobre um monte. E, também, ninguém acende uma candeia e a coloca debaixo de uma vasilha. Ao contrário, coloca-a no lugar apropriado, e assim ilumina a todos os que estão na casa. Assim brilhe a luz de vocês diante dos homens, para que vejam as suas boas obras e glorifiquem ao pai de vocês, que está nos céus.
>
> Mateus 5.11-16

Se tentarmos esconder a presença de Deus ou nunca falarmos do nosso relacionamento íntimo com Ele, como os não-cristãos irão saber o que é desfrutar de um relacionamento vivo com Cristo? Sem nosso testemunho da graça de Deus, o favor em nossas vidas pode parecer resultado de seguirmos certas regras. Muitas religiões já oferecem isso, mas o cristianismo não é uma religião. Não é a respeito do serviço de nossa igreja ou deveres religiosos. Nossa satisfação é o resultado de um relacionamento vivo com o Deus vivo.

O propósito de Deus para alguns de nós pode parecer pequeno; talvez Ele vá nos chamar para ajudar apenas algumas pessoas ao longo de toda a nossa vida. Seu propósito para outros pode ser enorme; Ele pode ter plantado uma semente de sonho em um de nós que irá ajudar milhões de outras pessoas a conhecê-lo. Não importa o tamanho do sonho que Ele plantou em nós, porque experimentamos a mesma sensação de satisfação quando seu sonho para nós é realizado.

Satisfação não depende do tamanho do sonho, mas de entender o tamanho do investimento de Deus em nós para ver esse sonho realizado. A satisfação vem quando estamos cientes do seu favor em nossos passos de fé, quando vemos a sua mão multiplicando nossos esforços e vendo o natural se tornando sobrenatural.

A Palavra de Deus diz: "Uma geração contará à outra a grandiosidade dos teus feitos; eles anunciarão os teus atos poderosos. Proclamarão o glorioso esplendor da tua majestade, e meditarei nas maravilhas que fazes" (Sl 145.4-5). Também diz: "Quem dera eles tivessem sempre no coração esta disposição para temer-me e para obedecer a todos os meus mandamentos. Assim tudo iria bem com eles e com seus descendentes para sempre!" (Dt 5.29). Que promessa maravilhosa é saber que a obediência ao Senhor irá abençoar nossos filhos para sempre!

Meus próprios avós (afetuosamente conhecidos como Nan e Pop) têm andado com o Senhor por muitos, muitos anos. Eu nunca vou me esquecer de seus anos de sacrifício, amor, devoção ao Senhor, suas orações, diligência para com a casa de Deus e sua total adoração quando se trata da família. Isso tem sido uma parte importante da minha caminhada com Deus. Nós somos uma parte da herança que Deus promete tão graciosamente àqueles que o amam.

Quando damos graças e louvamos a Deus pelo que Ele fez por nós, seu favor é multiplicado em nós.

Quando damos graças e louvamos a Deus pelo que Ele fez por nós, seu favor é multiplicado em nós. Quando Jesus agradeceu pelos poucos pães que haviam sido dados a Ele, Deus abençoou os pães e Ele conseguiu alimentar milhares de pessoas (veja Mateus 14.15-21).

> Um deles, quando viu que estava curado, voltou, louvando a Deus em alta voz. Prostrou-se aos pés de Jesus e lhe agradeceu. Este era samaritano. Jesus perguntou: "Não foram purificados todos os dez? Onde estão os outros nove? Não se achou nenhum que voltasse e desse louvor a Deus, a não ser este estrangeiro?" Então ele lhe disse:"Levanta-se e vá, a sua fé o salvou".
>
> Lucas 17.15-19

A palavra *salvou* nesta passagem vem da palavra grega *sozo*, que é definida pelo dicionário bíblico como "libertar, proteger, curar, preservar, salvar e fazer bem". Isso implica que o leproso que voltou com gratidão foi feito completo em cada área de sua vida, para além da doença da qual havia sido curado.

Eu poderia encher páginas com tudo pelo que sou grata. Mas acima de tudo, sou grata pela graça e pelo favor de Deus, seu beijo celestial – não merecido, mas tão necessário. Comece onde você está. Agrade o coração de Deus servindo-o. Faça bem feito o que quer que esteja em suas mãos para fazer, e você *irá* sentir o sorriso de Deus ao desejar amá-lo acima de todas as coisas. Seja abençoado, querido amigo, ao se permitir ser mudado pela poderosa mão de nosso Deus amoroso.

Como disse Martin Luther King em um de seus últimos sermões: "Você não precisa ter um diploma universitário para servir. Não precisa fazer o sujeito e o verbo concordarem para servir. Não precisa saber sobre Platão e Aristóteles para servir. Não precisa conhecer a teoria da relatividade de Einstein para servir. Você precisa simplesmente de um coração cheio de graça. Uma alma gerada pelo amor. E então você pode se tornar um servo".

Para sempre,

Darlene Zschech

Conclusão

Como cooperadores de Deus, insistimos com vocês para não receberem em vão a graça de Deus. Pois ele diz: "Eu o ouvi no tempo favorável e o socorri no dia da salvação".
Digo-lhes que agora é o tempo favorável, agora é o dia da salvação!

2Coríntios 6.1-2

Minha oração, acima de tudo, é que você entre em um relacionamento divino com o próprio autor do amor, Jesus Cristo. Permita que seu perfeito amor invada sua vida e tire o seu fôlego.

Não fomos criados ou feitos para viver por nós mesmos, sem um relacionamento com Jesus Cristo.

Não fomos criados ou feitos para viver por nós mesmos, sem um relacionamento com Jesus Cristo. Jesus disse: "Eu sou o caminho, a verdade e a vida. Ninguém vem ao pai, a não ser por mim" (Jo 14.6). Se você gostaria de render sua vida a Deus através da fé em Jesus Cristo, então eu encorajo você a orar a seguinte oração hoje.

Oração da salvação

Querido Senhor Jesus,
Hoje eu confesso minha necessidade de ti. Obrigado por morrer na cruz para que eu tivesse vida.
Obrigado por perdoar meus pecados.
Obrigado por me amar e obrigado pelo privilégio de amar-te.
Por favor, dê-me força para seguir-te com dedicação, com todo o meu coração e minha alma.
Eu entrego minha vida em tuas mãos.
Eu vou amar-te para sempre.

Amém.

The Kiss of Heaven

I'm walking a new walk
I'll never be the same again
Dancing a new dance
In your Holy Spirit rain
Your breath of life has overwhelmed me
And set my spirit free
I'm living a new life
Underneath your morning star
Running a new race
In the shadow of your love
Your love is immeasurable
Too deep to comprehend
My Jesus, dream-maker
My Jesus, life-giver
I'm living under the kiss of heaven
And I'll never ever be the same again
I'm singing a new song
In the presence of the king
Giving you my heart

O Beijo do Céu

Eu estou andando em um novo caminho.
Nunca serei o mesmo novamente,
Dançando uma nova dança
Na chuva do teu Santo Espírito.
O seu sopro de vida me deixou maravilhado
E libertou o meu espírito.
Estou vivendo uma nova vida
Debaixo da sua estrela da manhã,
Correndo uma nova corrida
Na sombra da tua face.
Seu amor é imensurável
Profundo demais para compreender.
Meu Jesus, criador de sonhos,
Meu Jesus, doador da vida.
Eu estou vivendo sob o beijo do céu

That is all that I can bring
You lit a fire inside of me
That I thought would never burn again
My Jesus, I surrender
My Jesus, yours forever
I'm living in the embrace of heaven
And I'll never ever be the same again
I thank you, my father
For all you've done and all you are going to do
My past behind me and you before me
I press on for more

E nunca serei o mesmo.
Estou cantando uma nova canção
Na presença do Rei,
Dando a ti o meu coração.
Isso é tudo o que posso trazer.
Você acendeu um fogo dentro de mim
Que eu achei que nunca queimaria de novo.
Meu Jesus, eu me rendo.
Meu Jesus, para sempre seu.
Estou sendo sempre abraçado pelos céus
E nunca serei o mesmo.
Eu agradeço, meu Pai,
Por tudo que fez e tudo que irá fazer.
Meu passado atrás de mim e você na minha frente.
Eu insisto por mais.

"Seja forte e corajoso! Mãos ao trabalho! Não tenha medo nem desanime, pois Deus, o Senhor, o meu Deus, está com você. Ele não o deixará nem o abandonará até que se termine toda a construção do templo do Senhor."

1Crônicas 28.20

Impressão e Acabamento
Prol Editora Gráfica